VIES ET OEUVRES

DES

PEINTRES LES PLUS CÉLÈBRES.

VIES ET OEUVRES

DES

PEINTRES LES PLUS CÉLÈBRES

DE TOUTES LES ÉCOLES;

RECUEIL CLASSIQUE,

CONTENANT

Œuvre complète des Peintres du premier rang, et leurs Portraits; les principales Productions des Artistes de 2ᵉ et 3ᵉ classes; un Abrégé de la Vie des Peintres Grecs, et un choix des plus belles Peintures antiques;

REDUIT ET GRAVÉ AU TRAIT,

D'après les Estampes de la Bibliothèque nationale et des plus riches Collections particulières;

Publié par C. P. LANDON, Peintre, ancien Pensionnaire du Gouvernement à l'Ecole Française des Beaux-Arts à Rome, Membre de plusieurs Sociétés Littéraires, Éditeur des Annales du Musée.

A PARIS,

Chez L'Auteur, Quai Bonaparte, Nº 23.

IMPRIMERIE DE CHAIGNIEAU AINÉ.

AN XIV. — 1805.

SUITE

DE

L'ŒUVRE DU DOMINIQUIN.

AVIS.

Ce volume contient 1°, pour le complément de l'Œuvre du Dominiquin, 31 Planches simples et 7 doubles; ces dernières sont sous les n°s 131, 133, 134, 137, 150, 153 et 154 : 2°, pour l'Albane, 7 Planches simples; 8 doubles, numérotées 2, 3, 4, 5, 13, 14, 15 et 16; une quadruple, n° 8. La totalité forme le nombre de 72 Planches que doit contenir chaque volume. Quant à la manière dont se comptent les Planches, les Souscripteurs voudront bien recourir à l'Avis placé en tête du tome Ier de l'Œuvre du Dominiquin, page 11.

Toutes les Planches de l'Œuvre du Dominiquin sont numérotées, sans interruption, depuis 1 jusqu'à 158, quoiqu'elles soient comprises dans trois volumes. L'éditeur a pris ce parti pour l'agrément des Souscripteurs qui desireraient réunir ces trois volumes en un seul. Alors il faudrait supprimer quelques titres et avertissemens devenus inutiles. Les Tables des Planches se suivent également sans lacune.

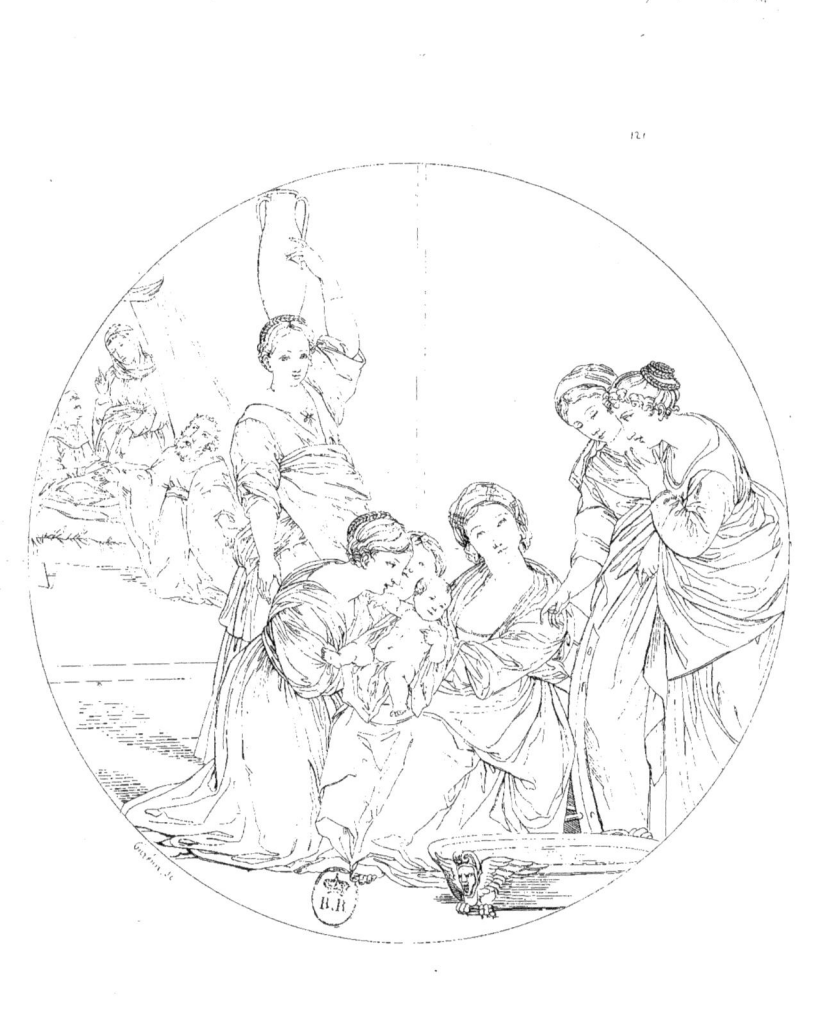

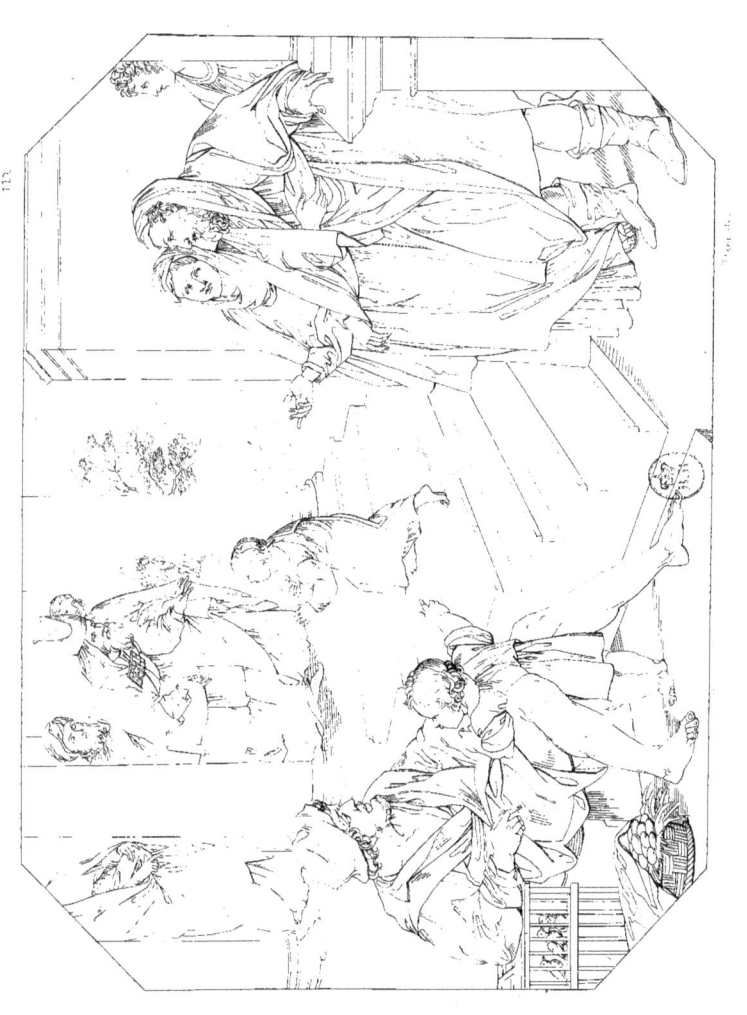

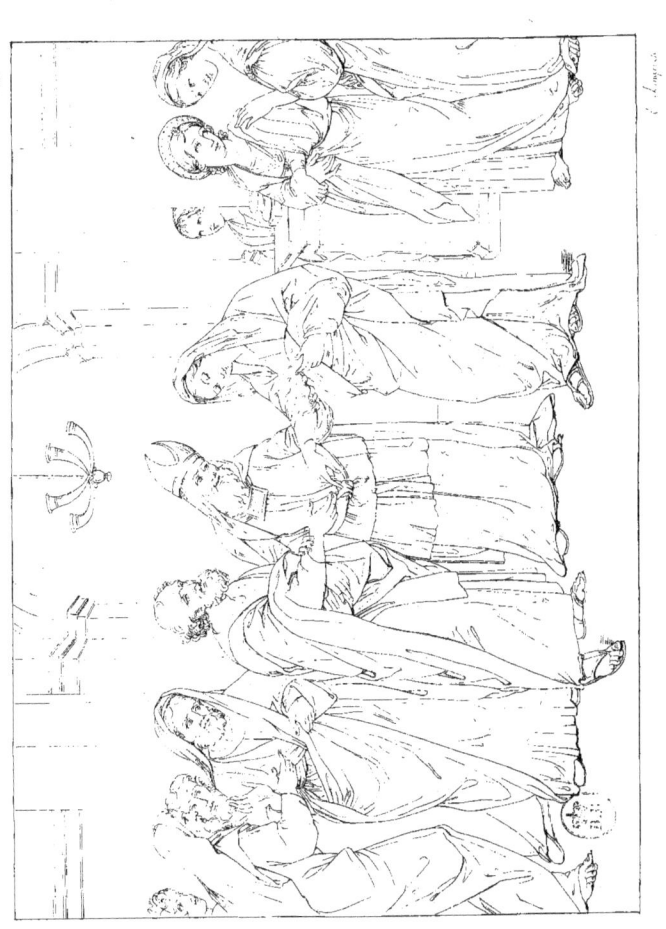

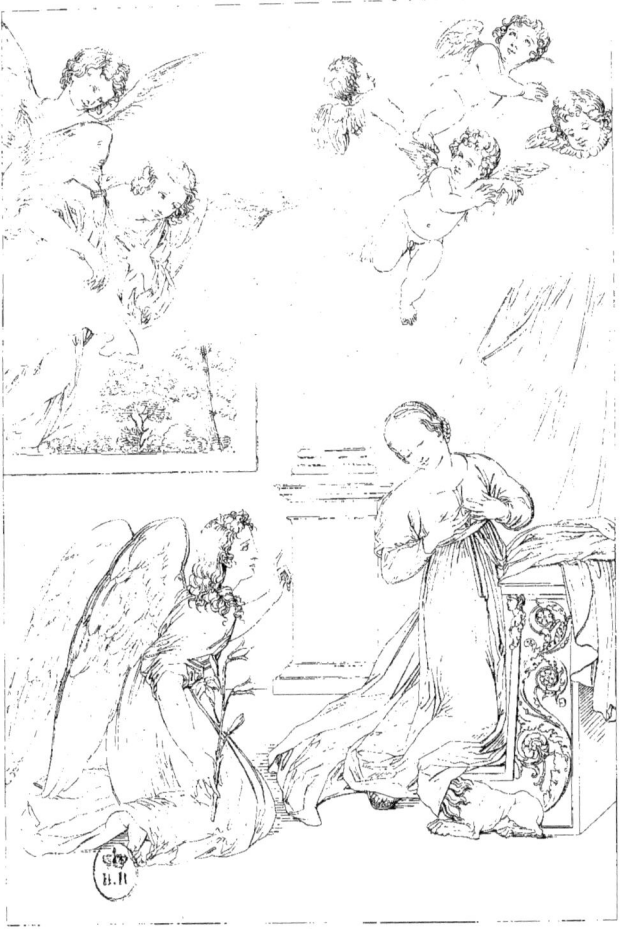

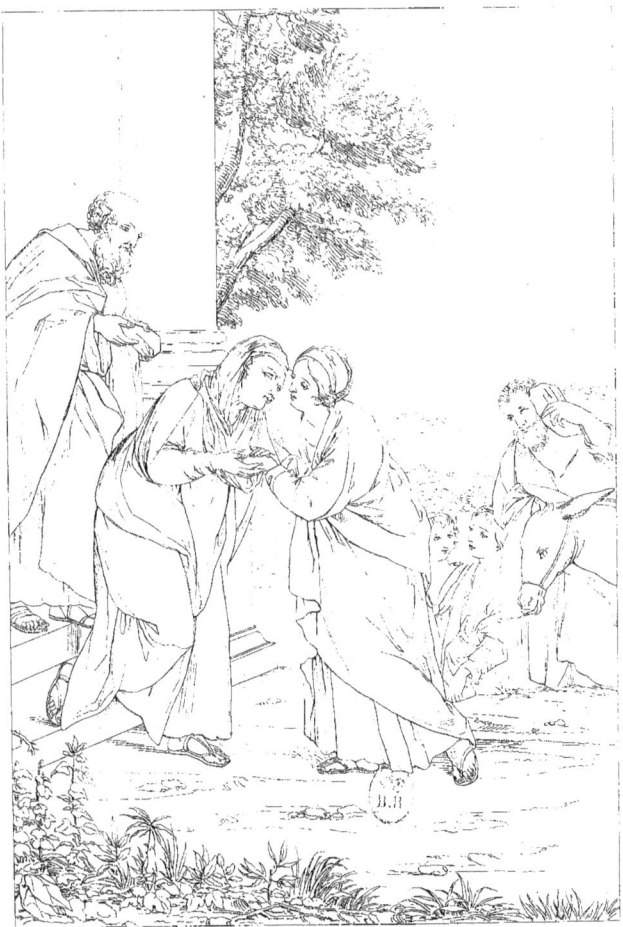

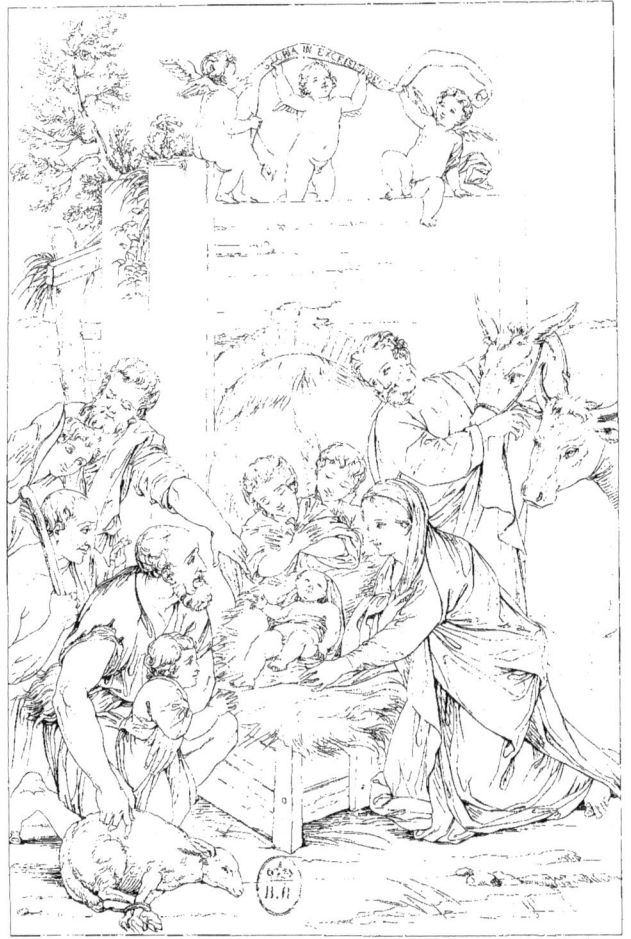

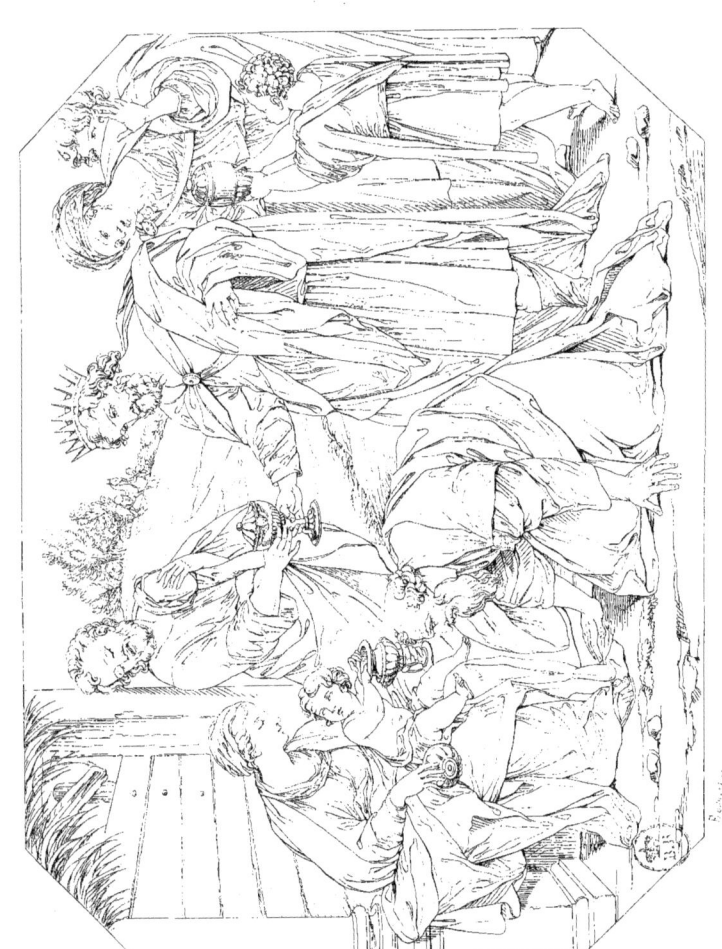

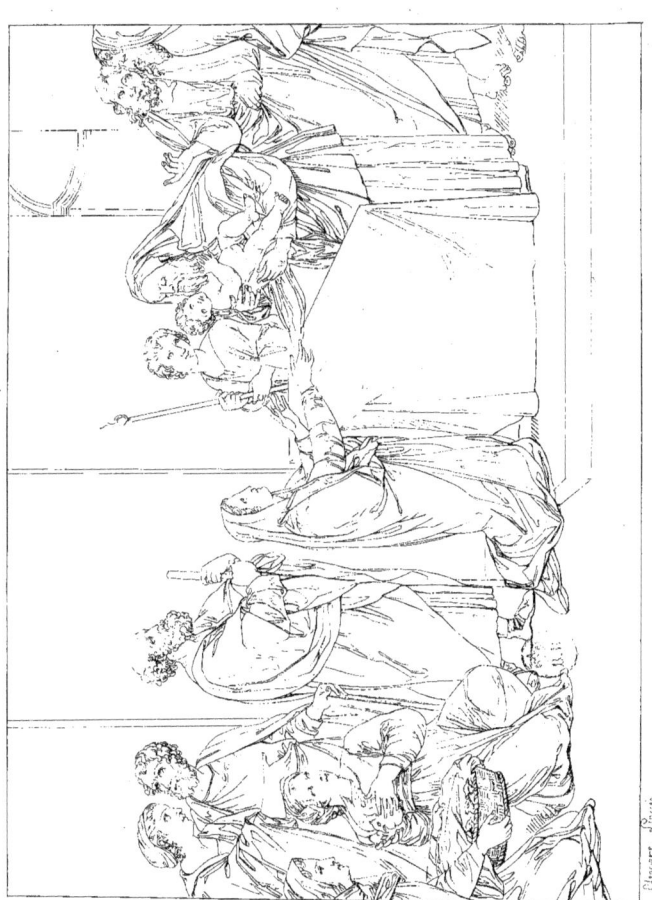

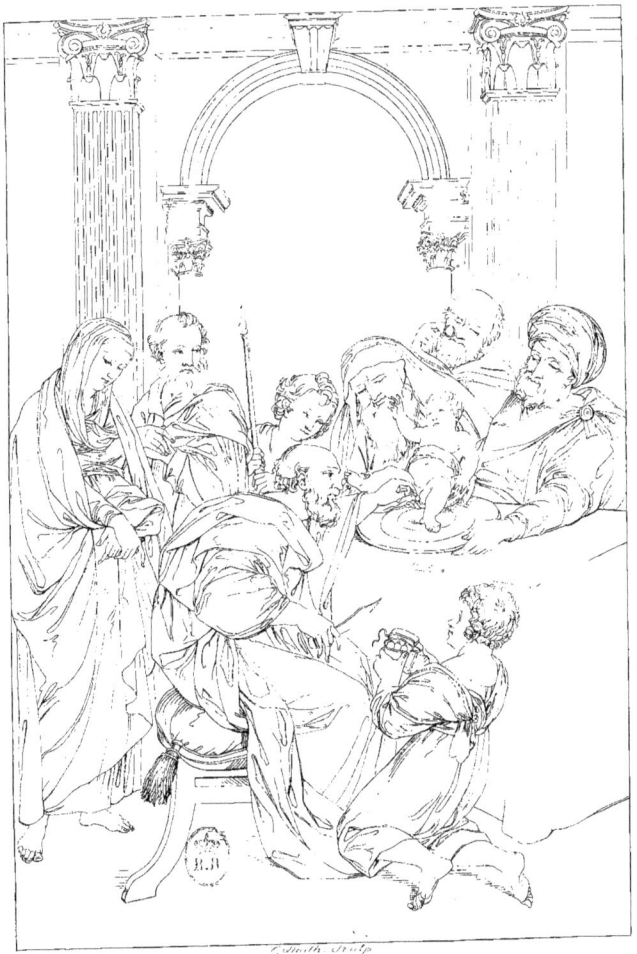

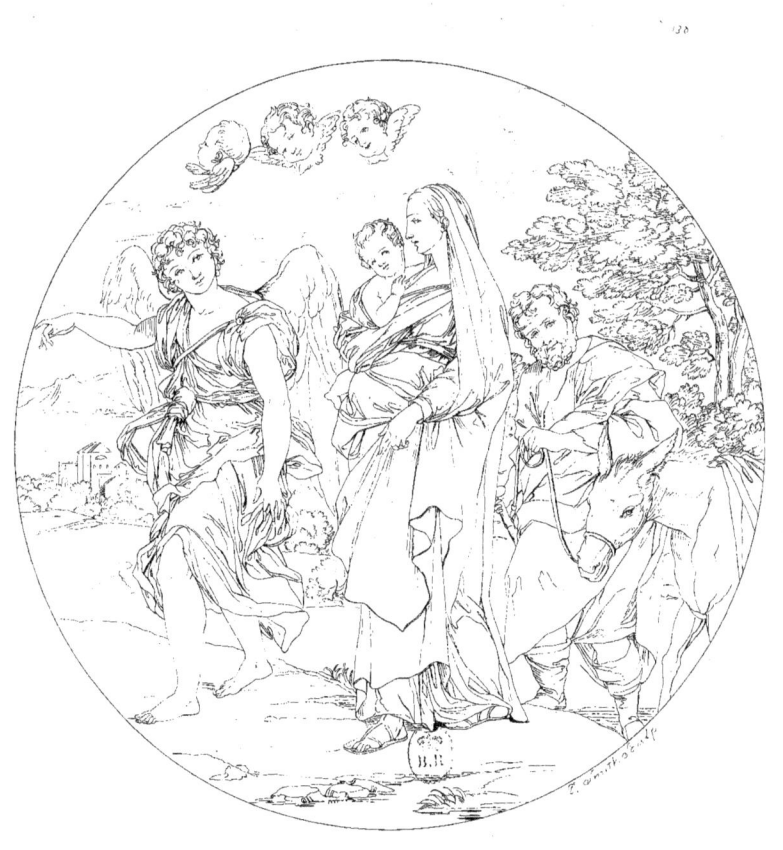

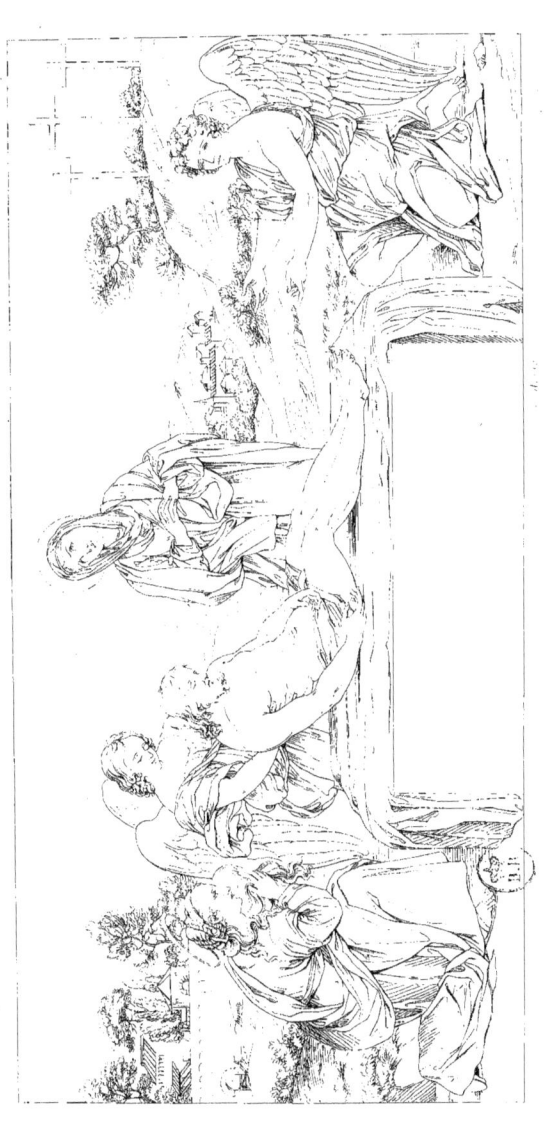

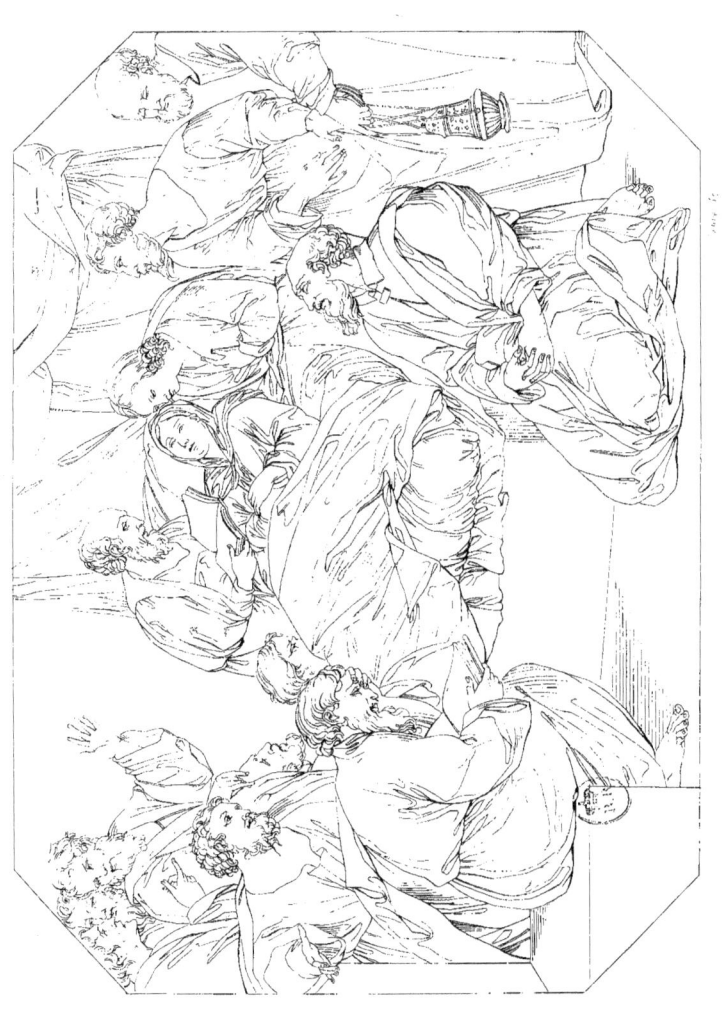

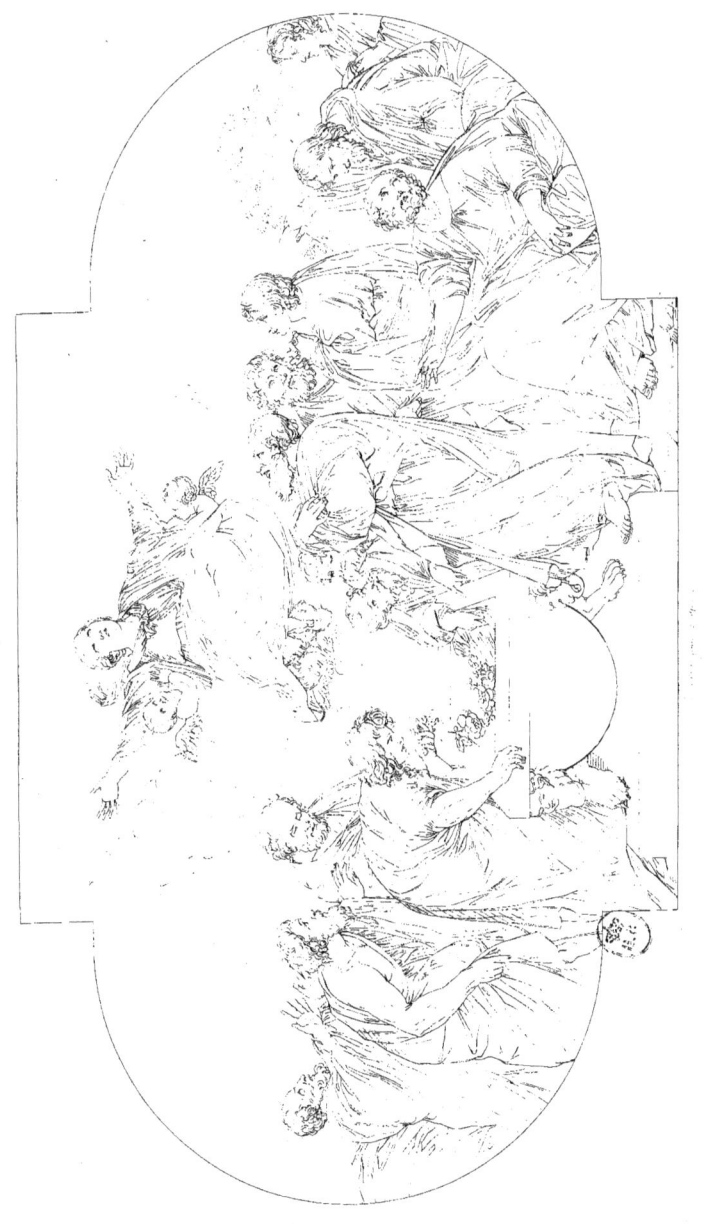

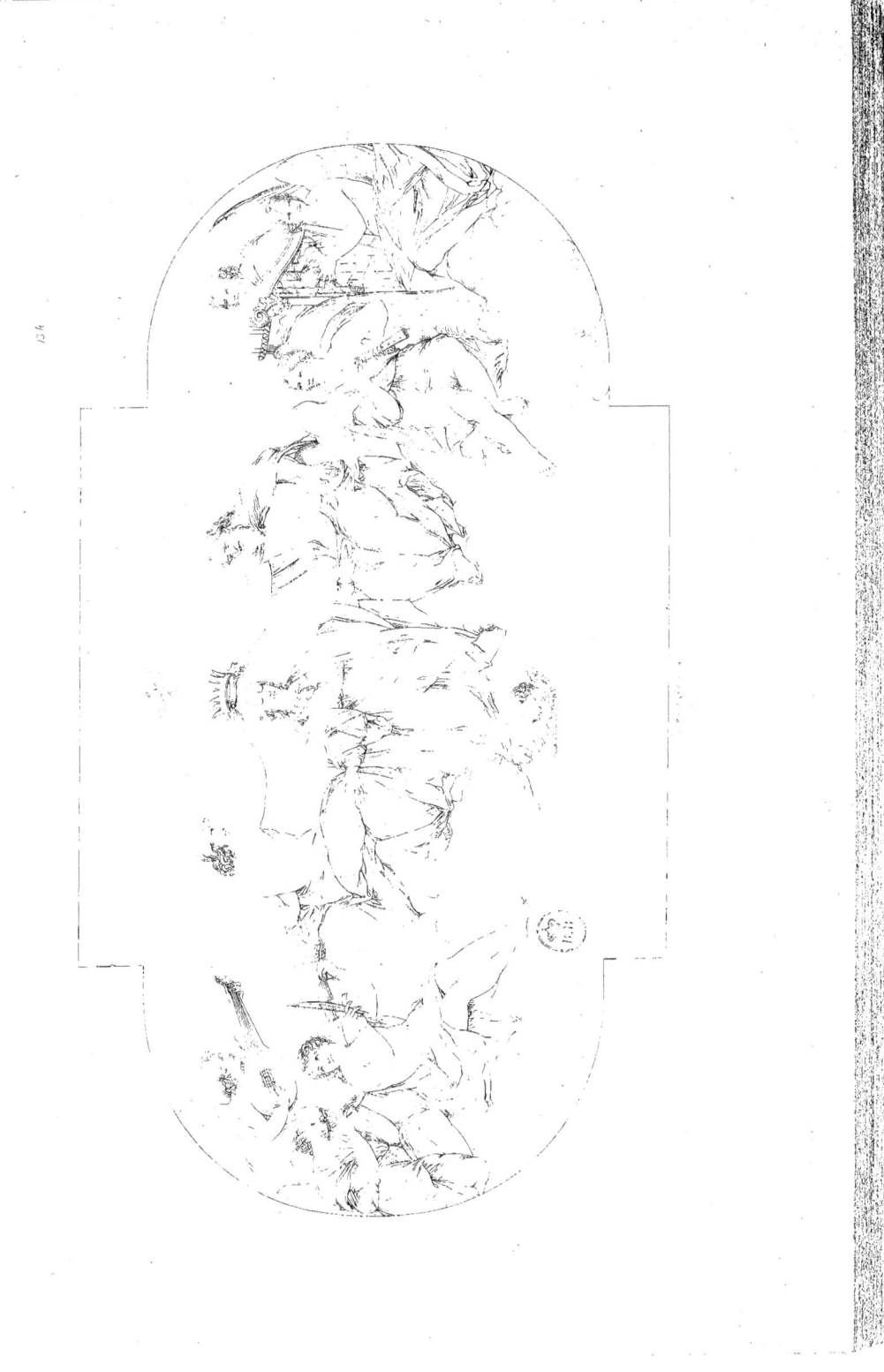

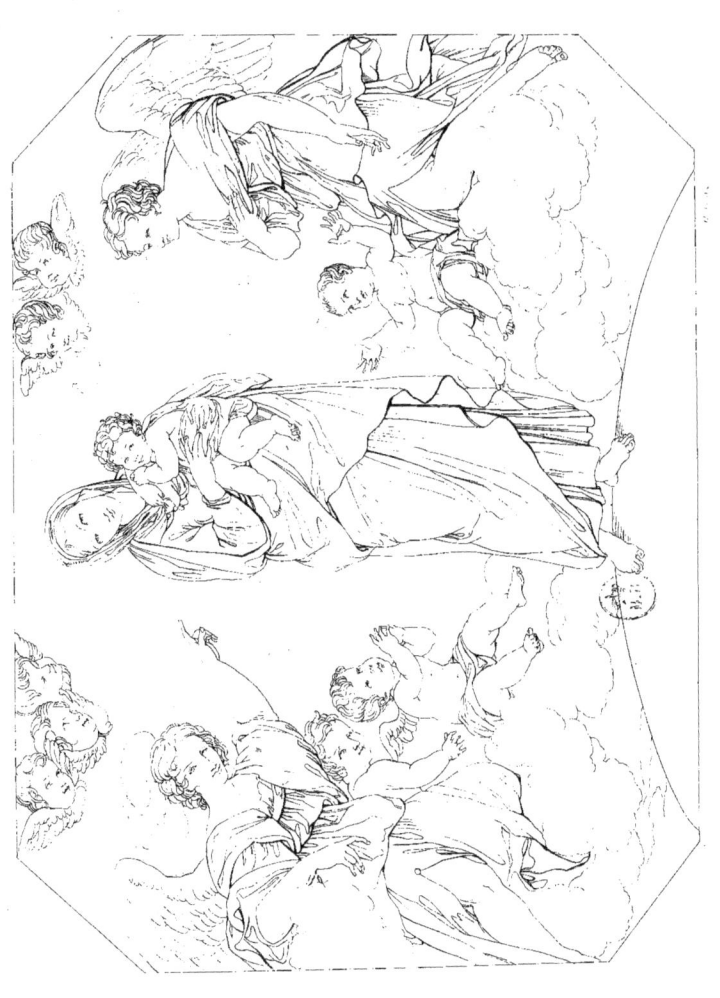

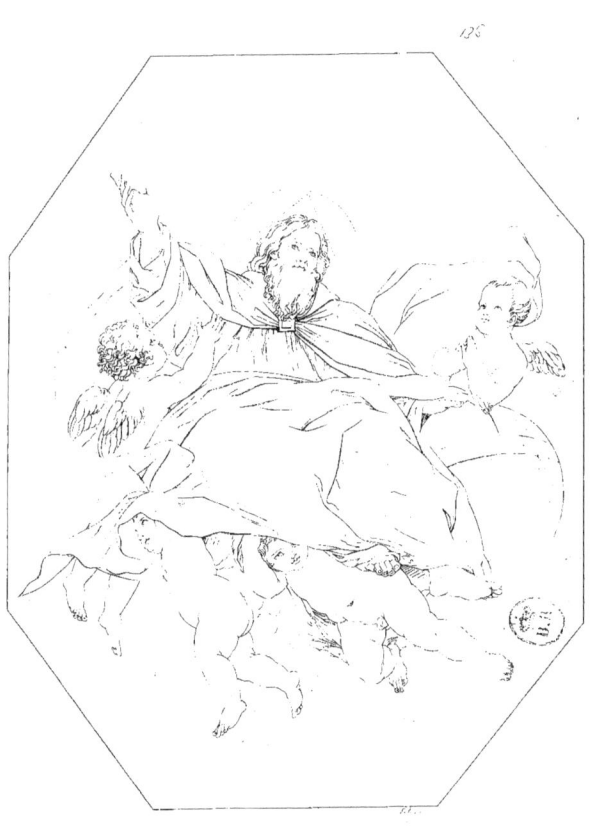

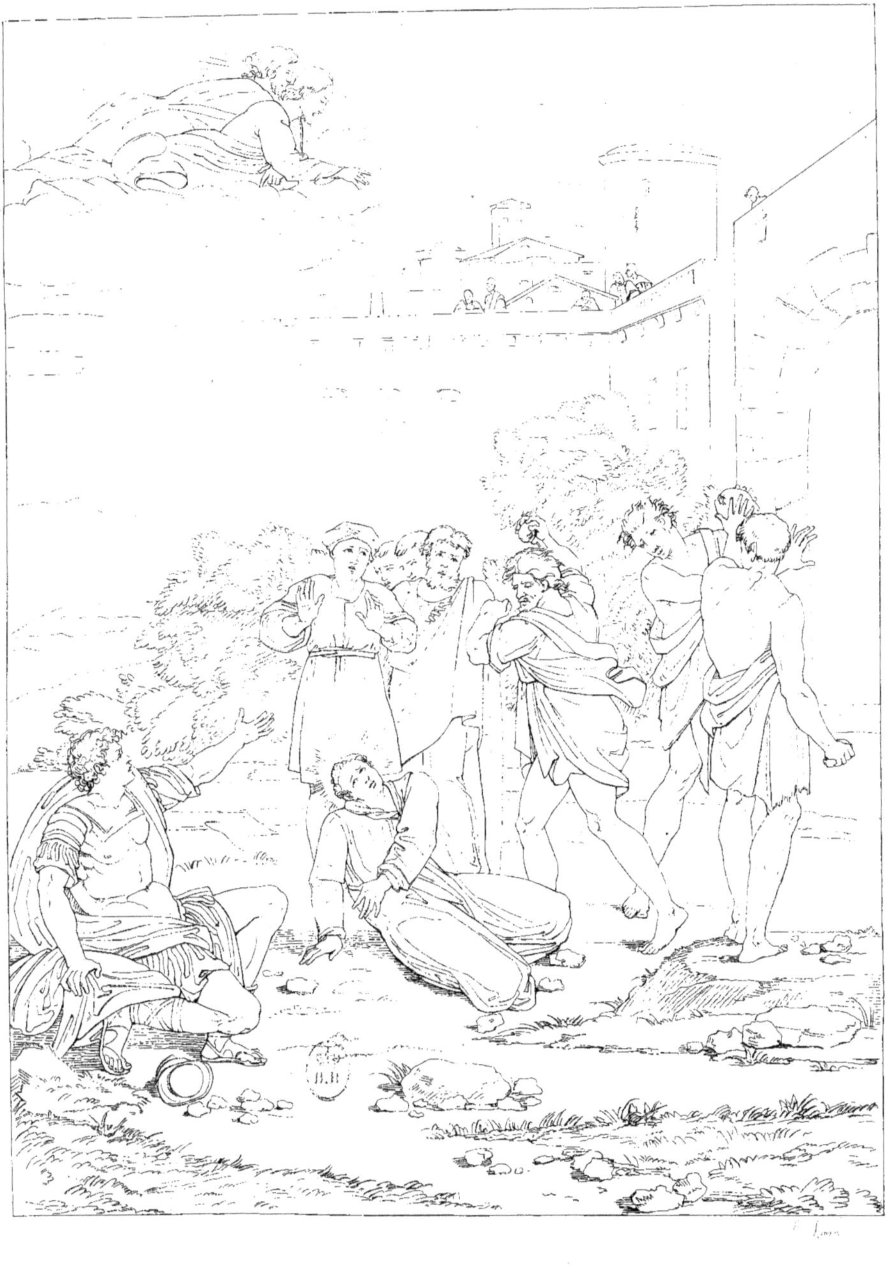

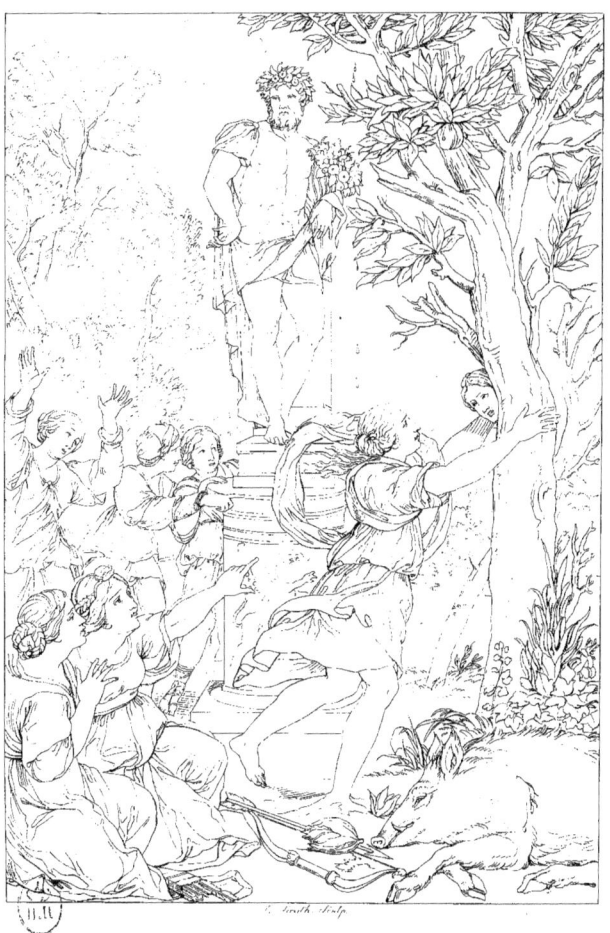

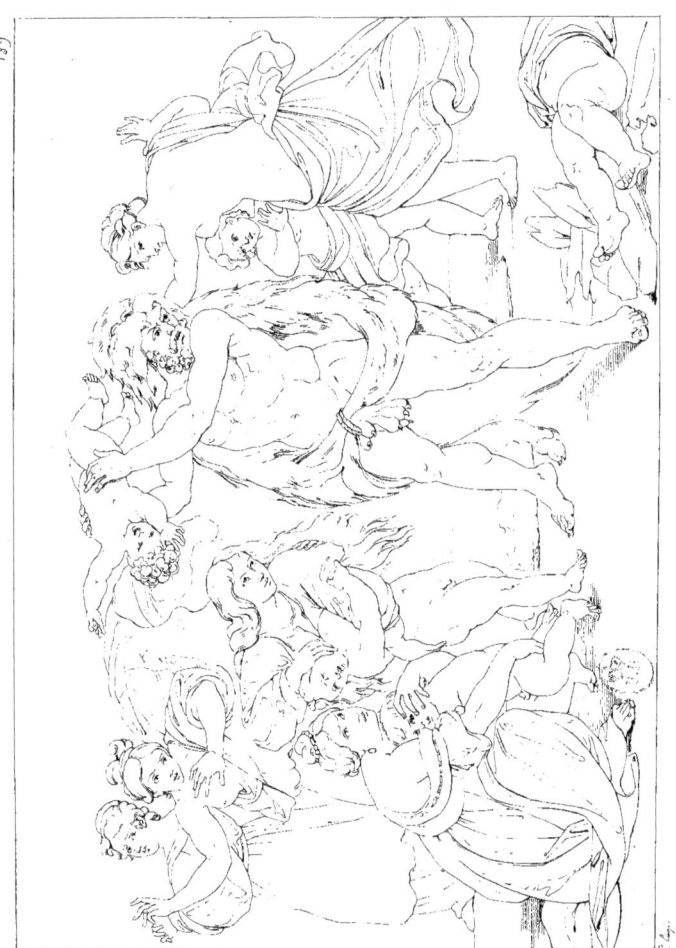

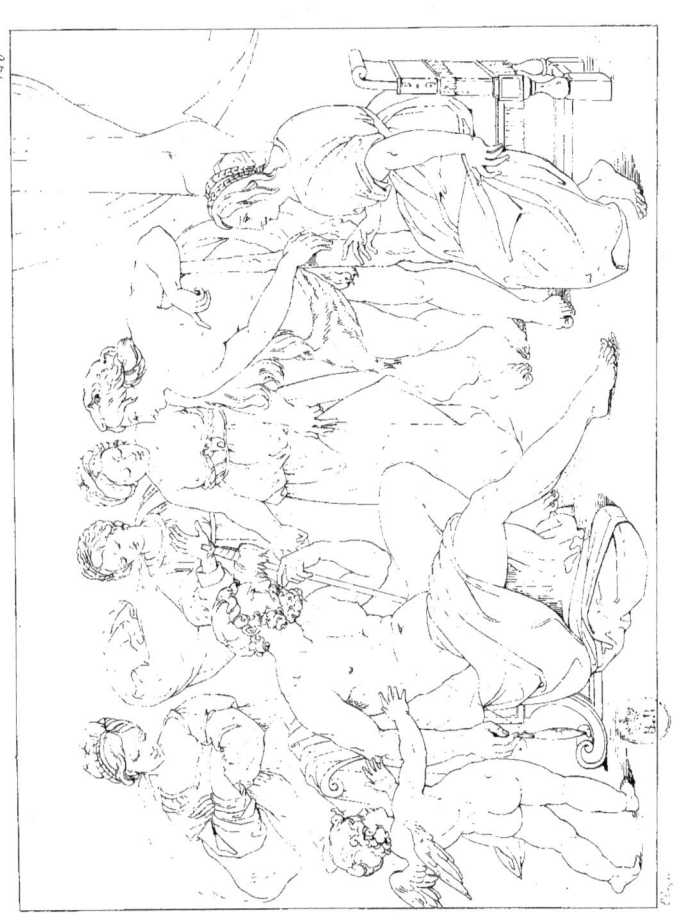

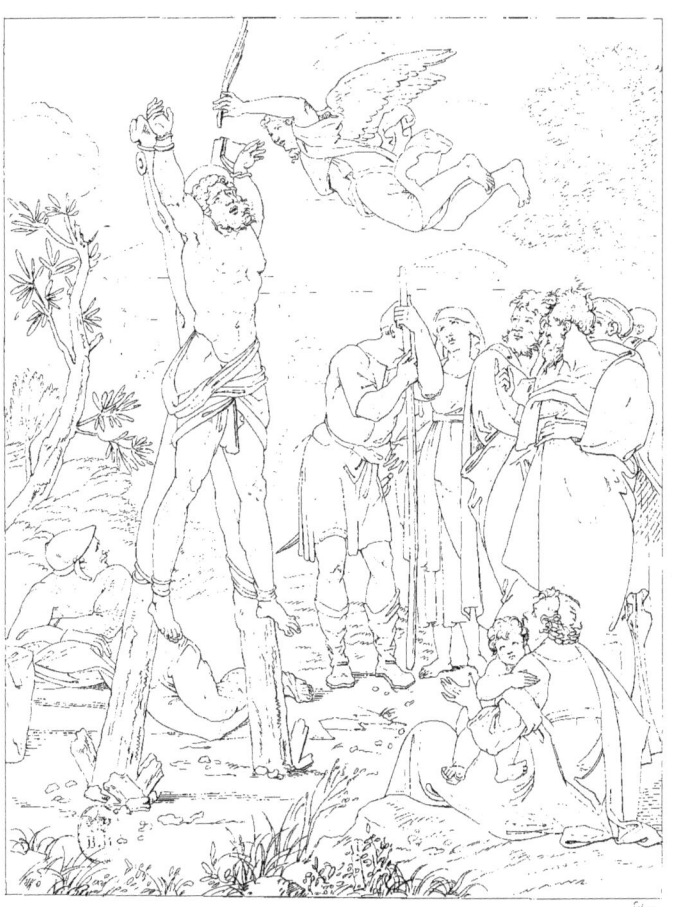

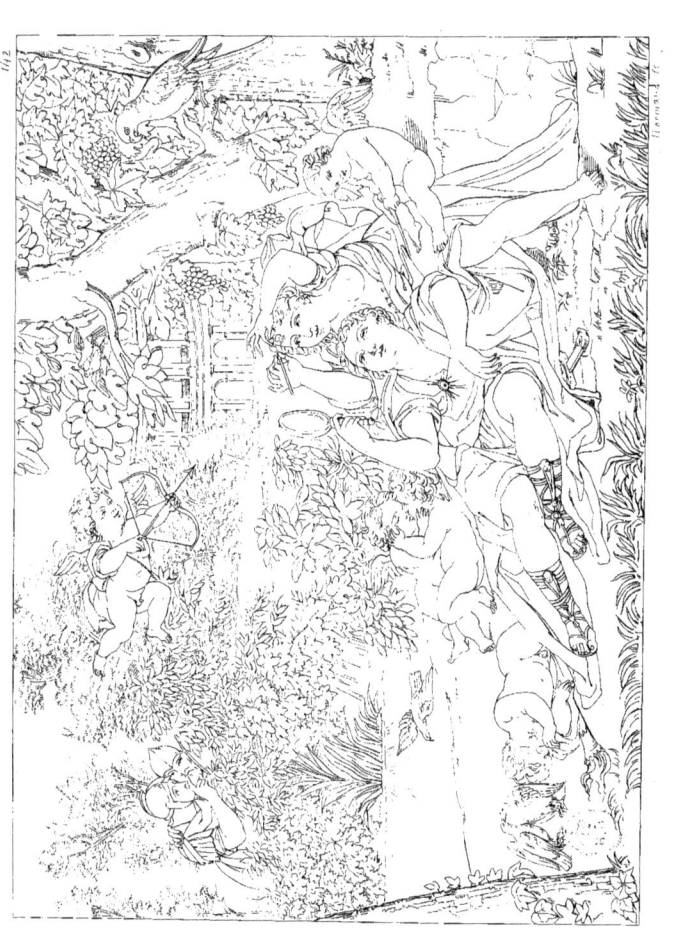

143

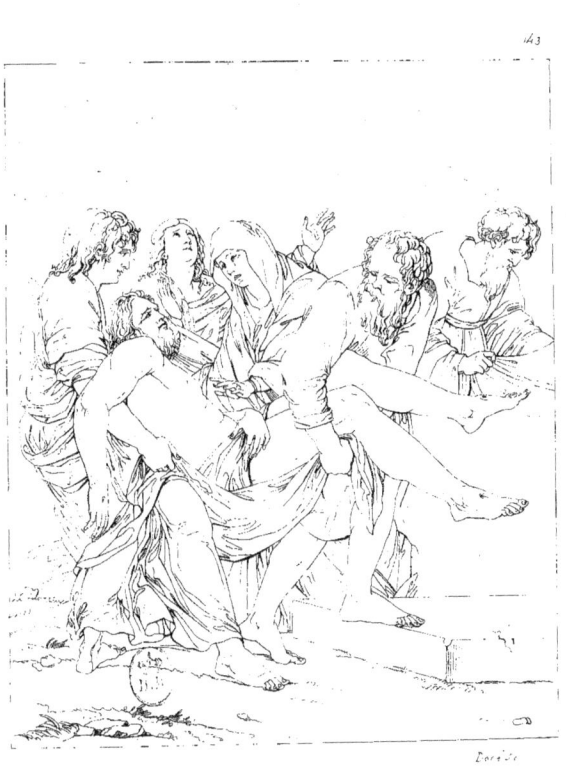

Dorigny

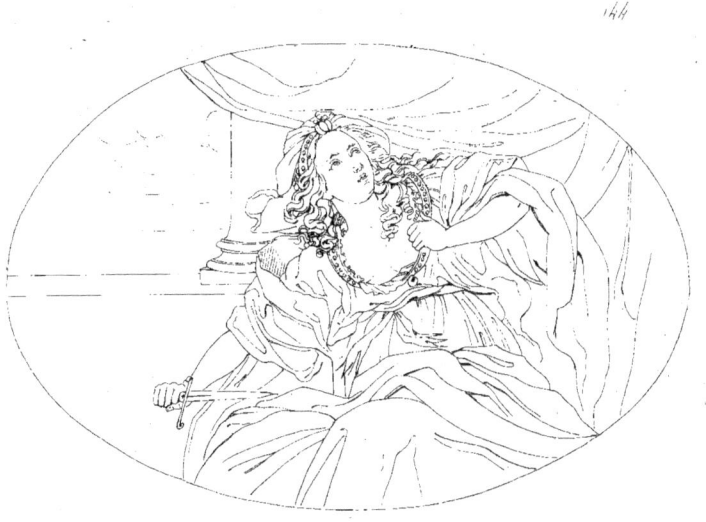
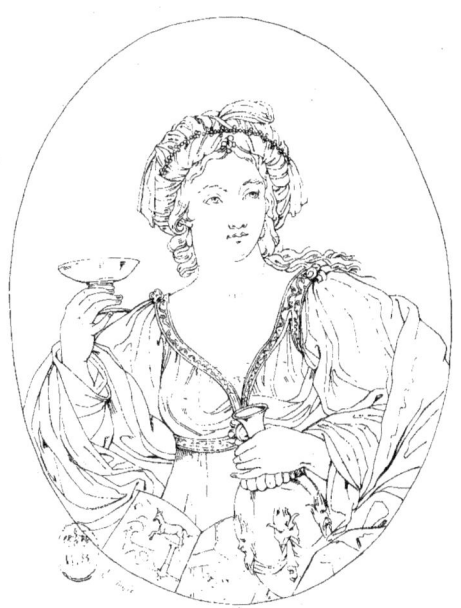

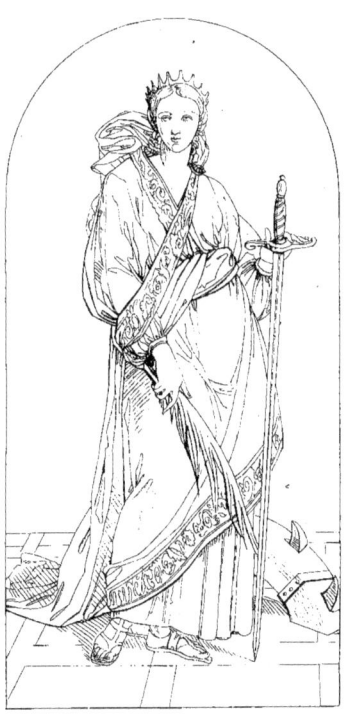

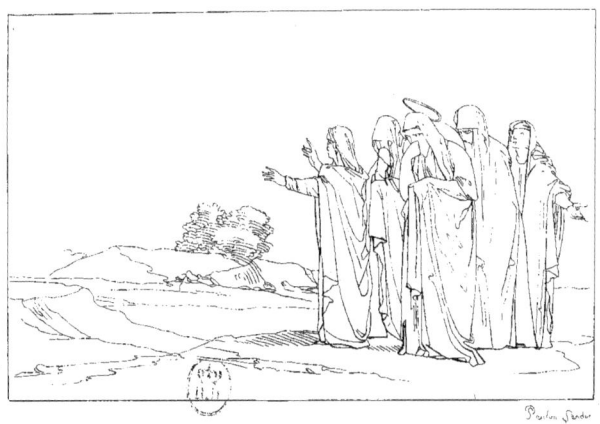

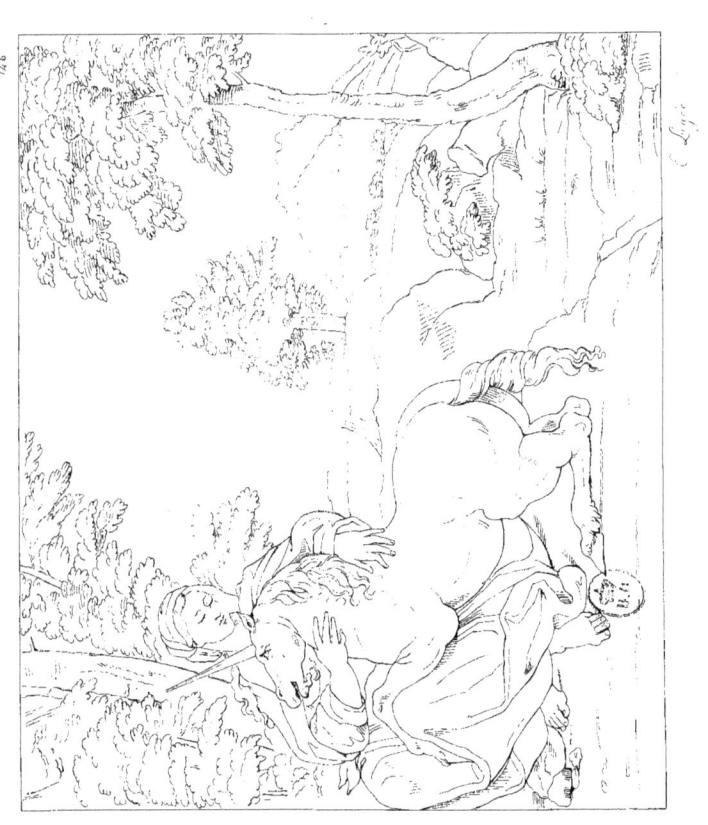

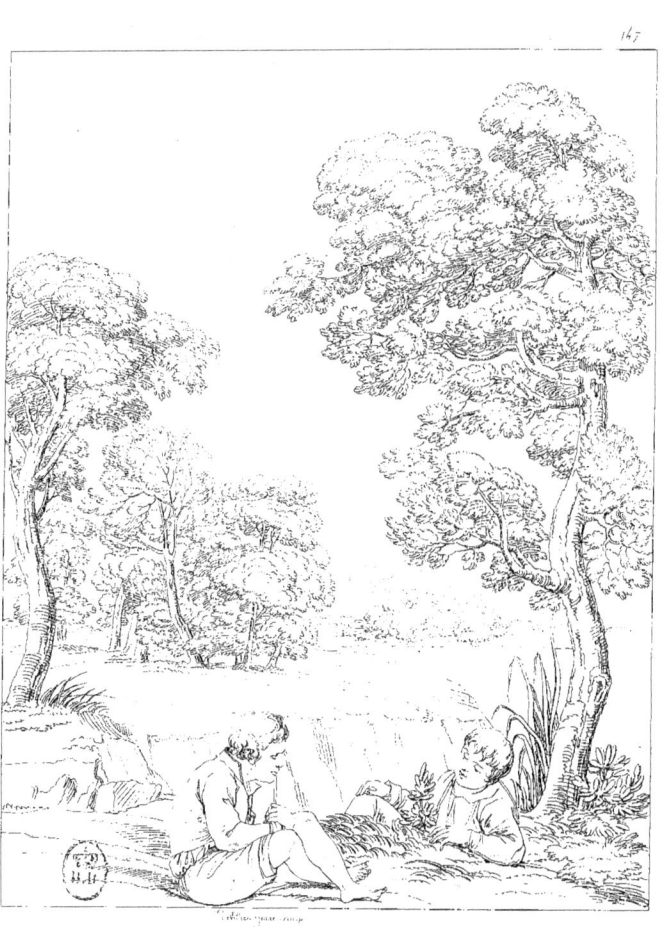

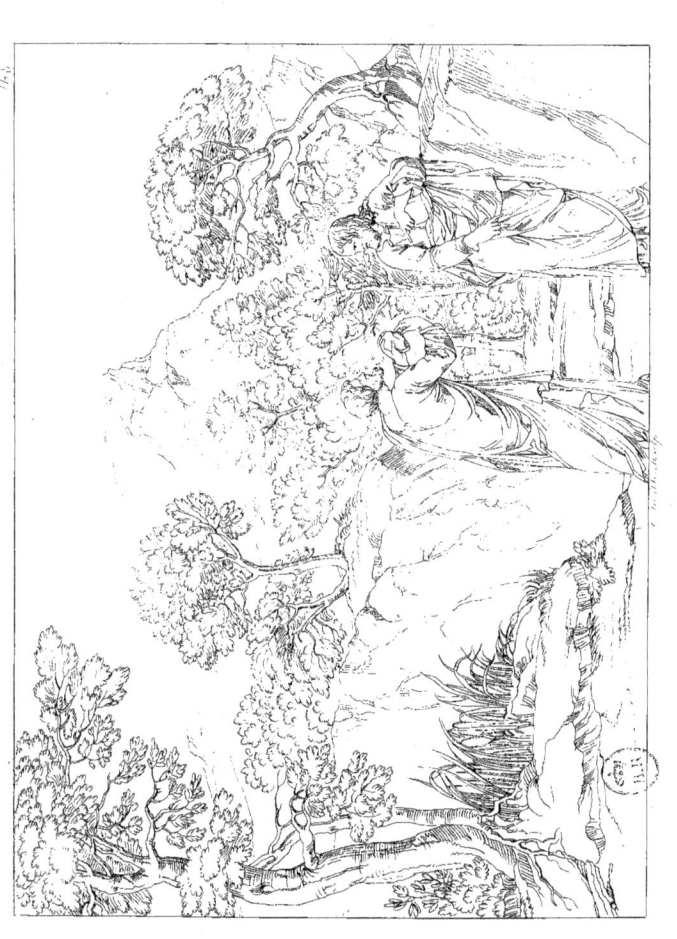

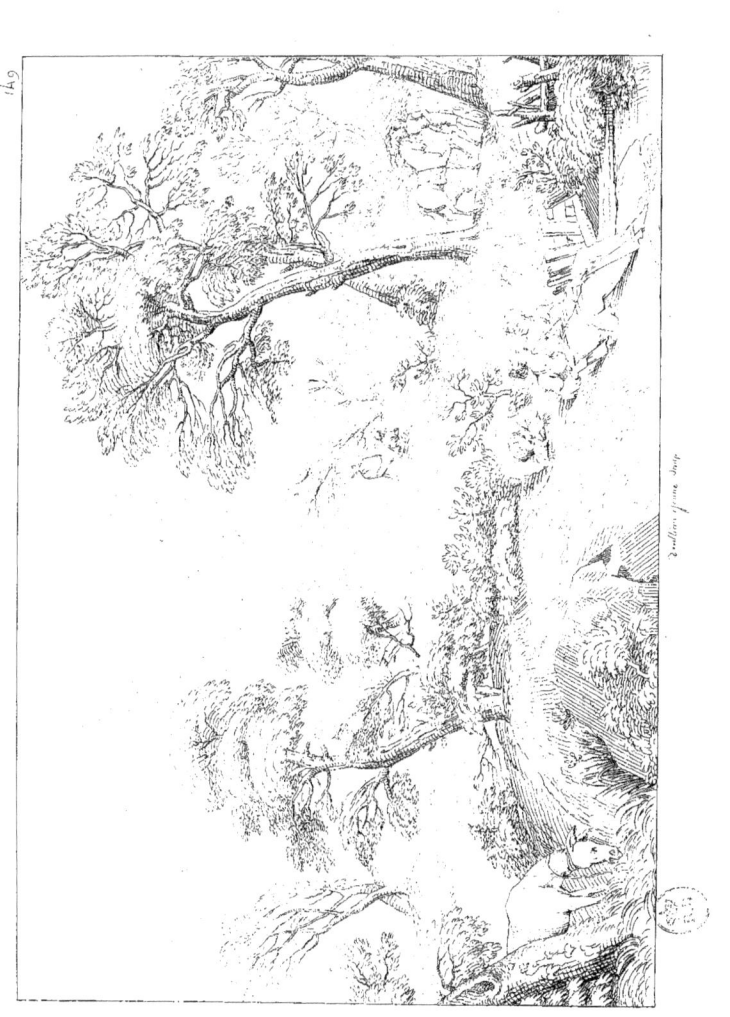

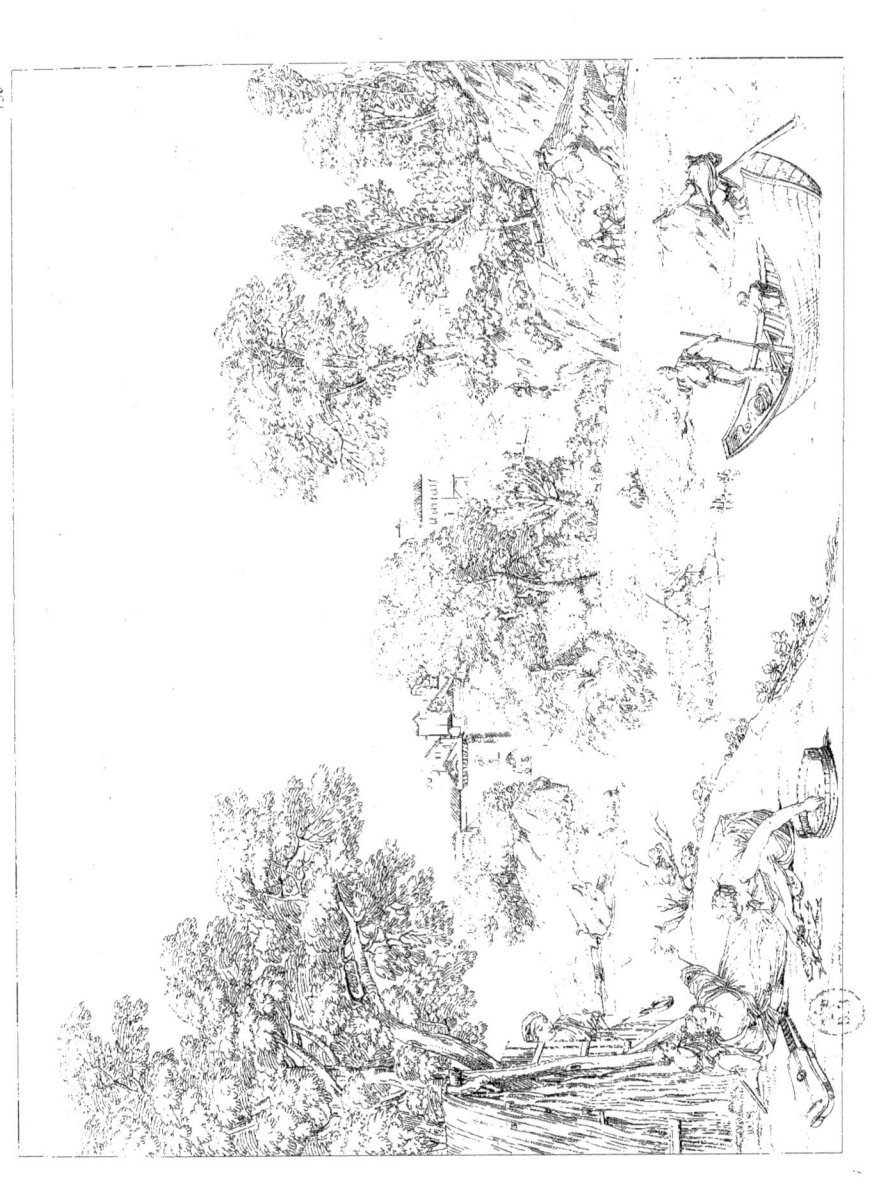

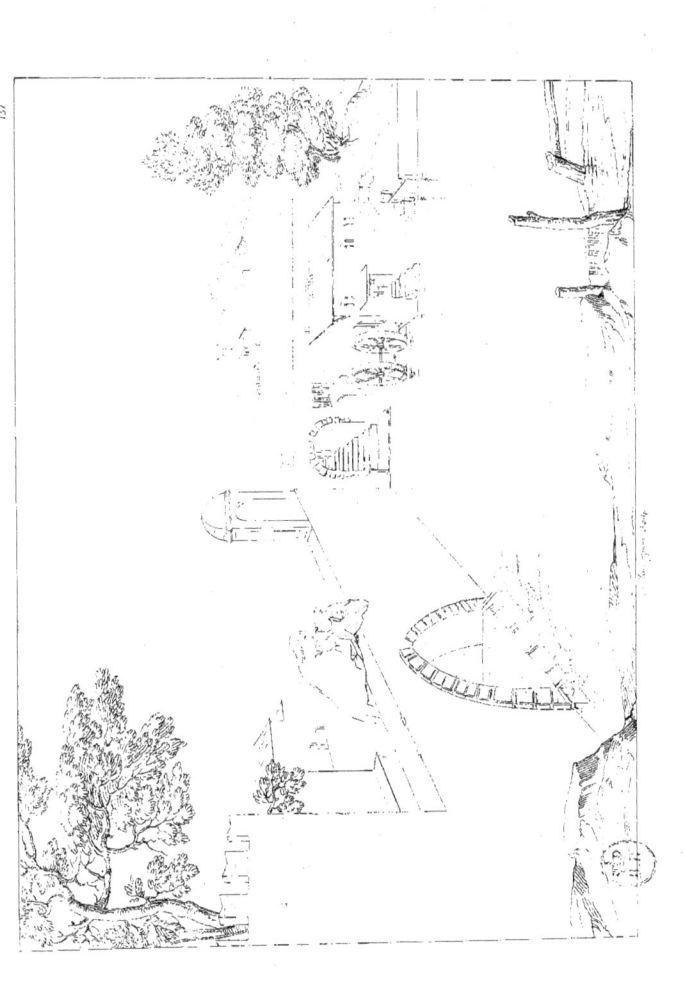

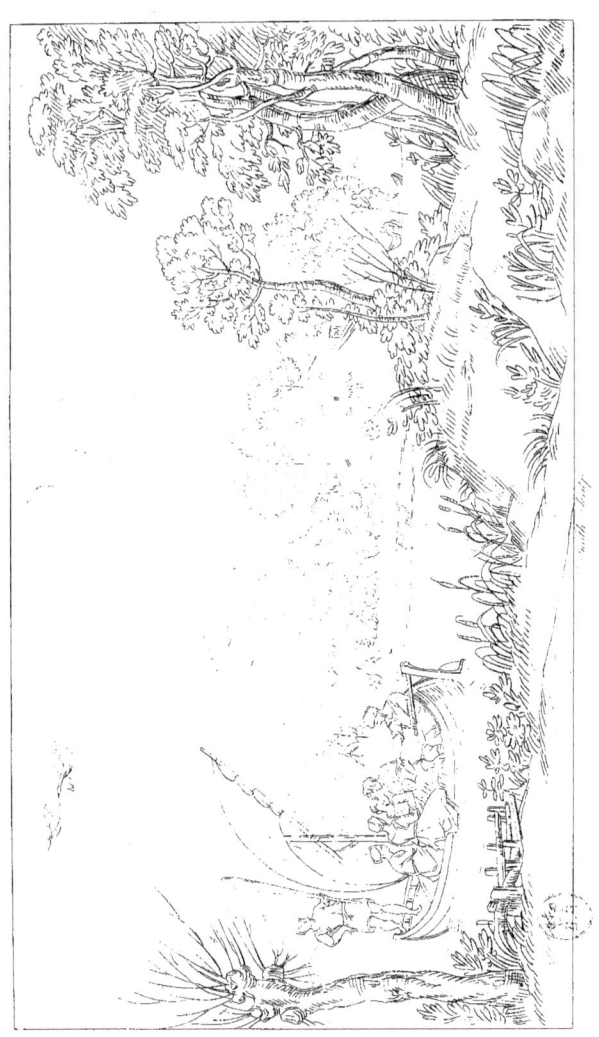

SUITE
DE
LA TABLE DES PLANCHES.

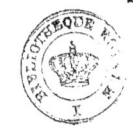

TABLE

DES PLANCHES DE L'OEUVRE

DU DOMINIQUIN,

GRAVÉES au Trait, d'après les Estampes de la Bibliothèque Nationale et des plus riches Collections particulières, avec quelques indications, et les noms des Auteurs des Gravures originales.

Planche Ire. Le Portrait de Dominique Zampieri, dit le Dominiquin. Il existe deux portraits gravés de ce maître; on a préféré celui-ci, parce que le tableau original est de la main de l'artiste même. Il fait partie du Muséum de Florence, et est placé dans une salle spécialement destinée aux portraits des artistes célèbres, peints la plupart par eux-mêmes. Celui dont la planche première offre le trait a été précédemment gravé par *Antonio Pazzi*, et publié à Florence, en 1754, dans le *Museum Florentinum, ritratti de' Pittori, Tome II.* Il a été gravé depuis par *Langlois*, et publié en France, dans la Collection des *Tableaux, Statues, Bas-reliefs et Camées de la Galerie de Florence.*

Il existe un autre portrait du Dominiquin, peint dans un âge plus avancé; il a été gravé par *Randon :* on ignore ce qu'est devenu le tableau original.

Pl. II. Le Martyre de S. Sébastien. Figures de grandeur naturelle. Il a été peint sur pierre de Lavagne, pour la basilique de Saint-Pierre de Rome, transporté depuis, par ordre de Benoît XIV, *à Sainte-Marie-des-Anges*, église construite sur les restes des Thermes de Dioclétien, et remplacé, dans la basilique de Saint-Pierre, par une copie en mosaïque. Graveurs, *Dorigny*, 1699; *Jacob Freij*, 1737; *Pietro Betini*; *J. G. Thelott*.

TABLE DES PLANCHES

Pl. III. Sainte Cécile. Figure de grandeur naturelle. Ce tableau, qui fait maintenant partie du Musée central, passa, selon Félibien, du cabinet du cardinal Mazarin dans le cabinet du roi; mais, selon la notice du Musée, M. Denoyers l'apporta en France, et le vendit à M. de Jabach, de qui Louis XIV l'acheta dans la suite. Il avait été peint pour le cardinal *Ludovisi*. Grav. *Etienne Picart, le Romain.*

Le Dominiquin a traité une seconde fois le même sujet avec quelques différences, pour le cardinal de *Sansi*. On ignore où ce tableau a passé.

Pl. IV. Sainte Cécile distribue son bien aux pauvres. Figures de grandeur naturelle. Ce tableau et les quatre suivans, peints à fresque, ornent la chapelle de *Sainte-Cécile*, dans l'église de *Saint-Louis des Français*, à Rome. Grav. *R. A. Persyn*, 1646; *Fr. de Poilly.*

Pl. V. Sainte Cécile méprise les idoles. Cette peinture est exécutée en *grisaille*, au-dessus du tableau précédent; les figures sont de proportion demi-nature. Graveur, *Fr. Rosato.*

On voit, dans la même chapelle, le pendant du tableau qui fait le sujet de cette planche; et il n'est pas compris dans ce volume. Il n'en existe de gravure ni à la Bibliothèque nationale ni dans aucun des cabinets particuliers où l'éditeur a fait des recherches. M. M*** de V***, possesseur d'une Collection d'estampes des plus complètes qui soient en Europe, présume avec raison que ce tableau n'a pas été gravé. « Je viens, nous écrit cet amateur aussi éclairé que modeste, je viens
» de vérifier de nouveau et pièce à pièce mon Œuvre du *Dominiquin*,
» et je me suis confirmé dans l'opinion que cette pièce n'existe pas.
» Je trouve dans une ancienne note de la main de M. Mariette,
» qu'il l'avait fait demander à Rome, sans être assuré qu'elle eût été
» gravée, car il ne l'avait jamais vue. Ce qu'il y a de certain c'est que
» je ne l'ai pas, et qu'il me paraît difficile, d'après vos recherches et
» les miennes, que vous puissiez la trouver à Paris, ou même en
» France. Je crois donc que le seul moyen de vous procurer cette
» composition est de demander, soit l'épreuve (si la planche existe),
» soit le dessin, à quelque artiste maintenant à Rome ».

L'éditeur ne négligera rien pour compléter cette Œuvre; ainsi

DE L'ŒUVRE DU DOMINIQUIN. 3

le cinquième tableau de la chapelle de *Sainte-Cécile*, qu'il n'a pu se procurer assez tôt pour être inséré dans ce volume, fera partie du volume suivant. Il représente la Sainte et son mari *Valerian*, l'un et l'autre à genoux, recevant une couronne que leur présente un ange.

Pl. VI. La Mort de Sainte Cécile. Figures de grandeur naturelle. Ce tableau fait pendant à celui de la planche IV. Grav. *J. Ba. Pasqualini*, 1622; *Dom Cunego*, 1772; *J. B. de Poilly*.

Pl. VII. Apothéose de Sainte Cécile. Figures de grandeur naturelle, exécutées au plafond de la même chapelle. Ce tableau, ainsi que la plupart de ceux qui sont sortis de la main du Dominiquin a été fait d'après un dessin de pareille grandeur, au crayon noir et blanc, sur papier bleu. Le modèle ou *carton* de l'*Apothéose de Sainte Cécile* a été apporté en France à l'époque de nos dernières conquêtes en Italie, avec plusieurs fragmens des dessins des tableaux précédens. Ils sont exposés au Musée, dans la Galerie d'Apollon. Grav. *Francesco Spierre*.

Pl. VIII. La Vierge du Rosaire. Tableau peint sur toile, figures de grandeur naturelle. L'artiste le fit à Bologne, pour l'église de Saint-Jean *in monte*. Il est maintenant au Musée de France. Il avait été fort endommagé, sans doute par l'humidité, et il avait été restauré en Italie; mais, les *repeints* étant d'un ton âcre et lourd, et d'une touche pesante, l'administration du Musée en a fait enlever une partie, et le tableau est maintenant en meilleur état; néanmoins il nous a paru offrir peu de figures purement conservées. Grav. *G. Audran; J. G. Thelott*.

Pl. IX. La Vierge présente une pomme d'or a Saint Nil et a Saint Barthélemy. Cette planche et les dix-huit planches suivantes offrent la Collection des sujets que le Dominiquin peignit, par ordre du cardinal *Farnèze*, dans une chapelle annexée à l'église de l'abbaye de *Grotta Ferrata*, à dix milles de Rome. Ils représentent diverses actions de S. Nil et de S. Barthélemy. Ces peintures sont à fresque, et les figures de grandeur naturelle. La suite complète a été gravée par plusieurs artistes, et publiée en forme de Recueil, à Rome, en 1762, par *Xaverio Canale*, préfet du trésor pontifical, qui le dédia au cardinal *Rezzonico*, neveu du pape *Clément XIII*. Le graveur de ce premier tableau est *Fr. Bartolozzi*.

Pl. X. S. Nil en prières, béni par le Christ. Les deux figures latérales représentent, l'une S. Eustache, l'autre S. Odoard. Grav. *Fr. Bartolozzi; Ant. Capellan.*

Pl. XI. S. Nil chasse le Démon du corps du fils de Polyeucte, chef de l'armée. Grav. *P. Ant. Pazzi.*

Pl. XII. Saint Nil reçoit la visite de l'empereur Othon III. Le Dominiquin a peint dans ce tableau, sous les habits d'un jeune homme que l'on voit s'éloigner d'un cheval fougueux, une jeune fille de *Frascati* dont il était amoureux et que ses parens refusèrent de lui donner en mariage : il a offert, sous la figure de S. Nil, le portrait de Philippe *Moret*, alors instituteur des novices du couvent. On retrouve, sous les traits des autres religieux, quelques-uns de ceux qui habitaient le monastère à la même époque; et l'on reconnaît, dans le personnage qui descend de cheval, Jean-Baptiste *Agucchi*, neveu du cardinal de ce nom. Le peintre saisit cette occasion de témoigner sa reconnaissance à son protecteur. Grav. *Ant. Capellan.*

Il existe une autre gravure de ce tableau, par *Charles Dufresne;* mais elle ne fait pas partie de la Collection publiée par *Xaverio Canale.*

Pl. XIII. Translation du corps de S. Nil. Grav. *P. Ant. Pazzi.*

Pl. XIV. Un des disciples de S. Barthélemy soutient miraculeusement une colonne prête a tomber. Grav. *idem.*

Pl. XV. S. Barthélemy, par ses prières, préserve de la pluie les moissons de son Monastère. Grav. *idem.*

Pl. XVI. S. Adrien; Sainte Natalie. Grav. *Carol. Gregori.*

Pl. XVII. La Charité; l'Espérance; la Foi; la Prudence. Grav. *Ant. Pazzi.*

Pl. XVIII. La Justice; la Force; l'Espérance; la Renommée. Grav. *idem.*

DE L'ŒUVRE DU DOMINIQUIN.

Pl. XIX. S. Grégoire de Nysse; S. Grégoire de Nazianze; Saint Basile le Grand. S. Nicolas. Grav. *Fr. Bartolozzi.*

Pl. XX. S. Jean Chrysostome; S. Cyrille; Saint Jean Damascène; S. Athanase; Grav. *idem.*

Pl. XXI. L'Annonciation. Grav. *idem.*

Pl. XXII. S. Jean, S. Marc, évangélistes. Grav. *Carol. Gregori.*

Pl. XXIII. S. Matthieu, S. Luc, évangélistes. Grav. *idem.*

Pl. XXIV. Anges tenant des candelabres. Grav. *anonyme.*

Pl. XXV. Anges tenant divers attributs. Grav. *idem.*

Pl. XXVI. Le Père éternel dans sa gloire; Sainte Françoise, Romaine. Grav. *Carol. Gregori.*

Pl. XXVII. Sainte Cécile; Sainte Agnès. Grav. *Ant. Pazzi.* Cette planche est la dernière de la Collection des peintures du Dominiquin à *Grotta Ferrata.*

Pl. XXVIII. Dieu reproche a Adam et Ève leur désobéissance. Tableau sur cuivre. Les figures ont environ 15 pouces de proportion. Il a été tiré du cabinet du roi, et avait appartenu au célèbre Lenôtre qui, en 1693, le donna à Louis XIV. Grav. *Baudet,* 1687; *Fr. Chereau,* 1709.

Pl. XXIX. Dieu reproche a Adam et Ève leur désobéissance. Tableau peint sur cuivre. Même composition que le précédent, avec quelques changemens et suppressions. Celui-ci est beaucoup plus petit. Il fesait partie du cabinet d'Orléans, et a passé en Angleterre avec la plupart des tableaux de cette magnifique Collection. Grav. *Nicolas Tardieu.*

Pl. XXX. Le Baptême de S. Jérome. Ce tableau et les deux suivans ont été peints à fresque, dans l'église de Saint-Onufre, à Rome, sous le portique. Les figures sont de proportion demi-nature environ. Grav. *Etienne Baudet.*

Pl. XXXI. S. Jérome tenté par le Démon. Grav. *idem.*

Pl. XXXII. S. Jérome flagellé par l'Ange. Grav. *idem.*

Pl. XXXIII. La Communion de S. Jérome. Figures de grandeur naturelle. Ce célèbre tableau, chef-d'œuvre de l'artiste, et l'un des trois principaux chefs-d'œuvre de l'art, ornait le maître-autel de Saint-Jérôme de la Charité, à Rome. Il est maintenant en France. On le voit au Musée. Grav. *F. Perrier; Jo. César Testa; Bénédict. Farjat*, 1702; *Jacob Freij*, 1729.

Le Dominiquin a fait une esquisse peinte de la Communion de S. Jérome. Cette esquisse fut achetée à Rome du temps de Félibien, par un secrétaire du duc de Guise; elle fut apportée en France par cet amateur, et tomba, après sa mort, entre les mains du chevalier de Clairville. A son inventaire, elle fut vendue à M. Colbert, coadjuteur de Rouen, et passa depuis dans le cabinet de M. le marquis de Seignelay.

Pl. XXXIV. La Force. Cette peinture et les trois suivantes sont exécutées à fresque aux quatre angles des pilastres de la coupole de Saint-Charles *de' Catenari*, à Rome. Les figures sont de proportion colossale, et représentent les quatre Vertus morales. Le Dominiquin ne peignit que les pendentifs; la coupole fut donnée au *Sementa*, élève du Guide. Grav. *Jo. Jacob Freij*, 1724; *P. del' Po'*.

Pl. XXXV. La Tempérance. Grav. *idem*.

Pl. XXXVI. La Prudence. Grav. *idem*.

Pl. XXXVII. La Justice. Grav. *idem*.

Pl. XXXVIII. La Vierge, l'Enfant Jésus, Saint Jean et Saint Pétrone, avec plusieurs groupes d'Anges jouant de divers instrumens. Figures plus grandes que nature. Ce tableau, peint à l'huile, se voit au maître-autel de Saint-Jean des Bolonais, à Rome. Grav. *P. del' Po'*.

Pl. XXXIX. L'Assomption de la Vierge. Figures de grandeur naturelle, peintes à fresque, dans un plafond, à Sainte-Marie *in Transtevere*, à Rome. Grav. *Ch. Audran*.

On voit dans la même église une chapelle qui a été décorée sur les dessins du Dominiquin; il y a peint un Enfant répandant des fleurs.

DE L'ŒUVRE DU DOMINIQUIN. 7

C'est un de ses plus beaux ouvrages. On en donnera le trait dans le volume suivant.

Pl. XL. Loth et ses Filles. Ce tableau, peint à l'huile, a été tiré du cabinet de M. Thomas Coke, en Angleterre. Grav. *anonyme*.

Pl. XLI. Esther devant Assuérus. Ce tableau, de forme ovale, et dont les figures sont de proportion au-dessous de demi-nature, a été exécuté à fresque, de même que les trois tableaux suivans, dans la chapelle Bandini, à Saint-Sylvestre *in monte cavallo*, à Rome, aux quatre pendentifs de la coupole. Grav. *G. Audran; J. Freij; Audenaerd*.

Pl. XLII. David danse devant l'Arche. Grav. *idem. M. G. Grophius*.

Pl. XLIII. Judith présente au peuple la tête d'Holopherne. Grav. *G. Audran; J. Freij; Em. Eichel; J. Baron; Audenaerd*.

Pl. XLIV. Salomon assis sur son trône, avec sa mère Bethzabée, selon Félibien et quelques auteurs contemporains ; selon quelques autres, *Salomon sur son trône, avec la Reine de Saba*. Grav. *G. Audran; J. Freij; Audenaerd*.

Pl. XLV. Énée enlève son père Anchise. Figures de grandeur naturelle. Ce tableau, peint à l'huile, fait partie du Musée. Il a été tiré du cabinet du roi. Grav. *G. Audran*.

Pl. XLVI. Un Concert. Figures de grandeur naturelle. Il est placé dans la galerie du Musée, et a été tiré du cabinet du roi. Il avait appartenu au duc de Mazarin. Grav. *Et. Picart, le Romain*.

L'Enfant Jésus. L'original est en Angleterre, et fait partie de la Collection de sir Vatkin Williams Wynn, baronnet; gravé à la manière noire, par *K. Earlom*.

Pl. XLVII. Sainte Agnès. Le tableau est en Angleterre, au palais de Kensington. Grav. *Robert Strange*, 1759.

Pl. XLVIII. Le Martyre de Sainte Agnès. Tableau à l'huile ; figures de grandeur naturelle. Le peintre le fit pour l'église de Sainte-Agnès de Bologne, *in campo Sant'-Antonio*. Il a été apporté en

France, et placé au Musée, après avoir subi une restauration complète. Grav. *G. Audran.*

Pl. XLIX. Apollon tue le serpent Python. Cette planche et les neuf suivantes offrent la Collection des peintures à fresque que le Dominiquin exécuta pour le cardinal *Aldobrandini*, dans son palais de *Belvedere, à Frascati*, à dix milles de Rome. Elles représentent différens sujets de l'histoire d'Apollon.

Dominique Barrière, de Marseille, a gravé cette suite, et y a ajouté quelques points de vue de la *villa Aldobrandini*. Il en a formé un recueil dédié à Louis XIV, et publié en 1647.

Pl. L. Apollon tue les Cyclopes.

Pl. LI. Midas puni par Apollon.

Pl. LII. Daphné changée en laurier.

Pl. LIII. Cyparisse changé en cyprès.

Pl. LIV. La Tête et la Lyre d'Orphée jetées dans l'Èbre.

Pl. LV. Apollon et Neptune s'unissent a Laomédon pour élever les murs de Troye.

Pl. LVI. Apollon garde les troupeaux d'Admète.

Pl. LVII. Apollon tue Coronis.

Pl. LVIII. Apollon écorche Marsyas. Planche dernière de la Collection des peintures du Dominiquin à *Frascati.*

Pl. LIX. Le Triomphe de l'Amour. Petit tableau, peint sur cuivre. Les figures ont environ 6 pouces de proportion. Le cardinal *Ludovisi*, à qui l'on avait fait présent d'une guirlande de fleurs, peinte par *Daniel Zeghers*, jésuite d'Anvers, ou *Mario de' Fiori*, y fit ajouter ce sujet gracieux. Grav. *Randon.*

Pl. LX. Les Jeux de Diane et de ses Nymphes. Figures de proportion demi-nature. L'original est au Palais Borghèse, à Rome. Grav. *P. Scalberge; Gio. Fr. Venturini; R. Morghen.*

DE L'ŒUVRE DU DOMINIQUIN.

Pl. LXI. La Vocation de S. Pierre et de S. André. Figures de grandeur naturelle. Ce tableau est placé à la voûte de la tribune dans l'église de Saint André *della Valle*. Il est exécuté à fresque, de même que tous ceux dont le Dominiquin a décoré cette église. Grav. *Audenaerd*.

Pl. LXII. La Flagellation de S. André. Ce tableau et le suivant sont placés aux deux côtés du précédent. Même proportion. Grav. *idem*.

Pl. LXIII. Saint André conduit au martyre. Grav. *idem*.

Pl. LXIV. Saint Luc. Ce groupe et les trois qui suivent, de proportion colossale, sont peints dans la même église, aux angles de la coupole, pour laquelle le Dominiquin avait composé des dessins : on lui enleva cet ouvrage. Voyez sa Vie, page 31. Grav. *L. E.*, 1657; *Nic. Dorigny*, 1707.

Pl. LXV. S. Matthieu. Grav. *idem*.

Pl. LXVI. S. Marc. Grav. *idem*.

Pl. LXVII. S. Jean. Grav. *idem*.

Pl. LXVIII. La Charité ; la Contemplation. Ces deux figures, de grande proportion, sont placées, ainsi que les quatre figures des deux planches suivantes, dans la tribune de l'église de Saint-André *della Valle* : elles accompagnent les divers sujets tirés de la vie de ce Saint. Grav. *Jac. Margotini*.

Pl. LXIX. La Foi; la Force. Grav. *idem*.

Pl. LXX. La Pauvreté volontaire ; la Religion. Grav. *idem*.

Pl. LXXI. La Flagellation de S. André. Figures de grandeur naturelle. Le Dominiquin, jeune encore, exécuta ce tableau à fresque, dans une chapelle de l'église de Saint-Grégoire, sur le mont *Cælius*, hors des portes de Rome. Le Guide, son concurrent, peignit sur le mur opposé le Saint à genoux devant sa croix. Grav. *Carle Maratte*; *Remi Wibert*.

Pl. LXXII. La Glorification de S. André. A Saint-André *della Valle*, au-dessus des trois tableaux de la vie de ce Saint. Figures de grandeur naturelle. Grav. *Audenaerd*.

Pl. LXXIII. Saint Jean montre le Messie. Figures de grandeur naturelle, à Saint-André *della Valle*. Grav. *anonyme*. On présume que c'est *Audenaerd*.

Pl. LXXIV. Suzanne et les Vieillards. Tableau de la galerie de Dusseldorf. Hauteur, 8 pieds 3 pouces; largeur, 10 pieds 7 pouces. Figures de grandeur naturelle. Ce tableau est recommandable par la beauté des caractères, la correction du dessin, et la suavité du coloris. Grav. *Valentine Green*.

Pl. LXXV. Suzanne et les Vieillards. Ce tableau, de même que le précédent, avait été fait pour M. *Agucchi*. Il a été gravé à Rome par *Colbenschalg*.

Pl. LXXVI. Latone allaite Diane et Apollon. Ce tableau et les six qui suivent forment la Collection des Peintures que le Dominiquin exécuta à fresque au château de *Bassano*. L'Albane, qui peignait une galerie dans le même édifice, obtint du marquis *Justiniani* la permission d'employer le talent du Dominiquin, et céda à son ami une partie de ses travaux. Cette suite a été gravée par *Hieron. Frezza* et un autre graveur anonyme.

Pl. LXXVII. Pan offre a Diane la dépouille de ses troupeaux.

Pl. LXXVIII. Diane délivre un Berger.

Pl. LXXIX. Diane et Endymion.

Pl. LXXX. Diane change Actéon en cerf.

Pl. LXXXI. Diane soustrait Iphigénie a la mort.

Pl. LXXXII. Génies avec les attributs de Diane.

Pl. LXXXIII. L'Ange gardien. Grav. *Duflos*. On ignore dans quel cabinet ce tableau a passé. On ignore également où sont maintenant placés plusieurs tableaux de chevalet du Dominiquin, qui ont été gravés, ont appartenu successivement à divers amateurs, et sur lesquels l'éditeur de cette Collection jugera plus convenable de garder le silence que de s'exposer à donner de fausses indications.

Pl. LXXXIV. David chante les louanges du Seigneur. Ce tableau, remarquable par la correction du dessin, la vérité de l'expression

DE L'ŒUVRE DU DOMINIQUIN.

et du coloris, passait pour un des plus beaux du cabinet du roi, à qui le duc de Mazarin l'avait cédé. Il est maintenant au Musée Napoléon : peint sur toile ; 7 pieds 5 pouces de haut sur 5 pieds 3 pouces de large. Grav. *Ægid. Rousselet.*

Pl. LXXXV. Saint Jean l'Évangéliste ; une Sibylle. Peints sur toile. Ces deux figures à mi-corps, de grandeur naturelle, faisaient partie de la galerie d'Orléans, et sont maintenant en Angleterre, ainsi que presque tous les tableaux de cette fameuse Collection. Grav. *Berseneff*; *Fosseyeux.*

Pl. LXXXVI. La Communion de la Madeleine. Ce tableau pourrait être celui dont parle d'Argenville dans son *Abrégé de la vie des Peintres*, et qu'il cite comme faisant partie du Cabinet du Roi ; toutefois on ignore ce qu'il est devenu, et s'il a jamais appartenu à cette Collection. Grav. *Scottin.*

Pl. LXXXVII. S. Pierre délivré de prison par un Ange. Figures d'environ quatre pieds. C'est ce tableau que M. *Agucchi* fit faire secrètement par le Dominiquin, pour désabuser le cardinal *Agucchi*, son frère, qui avait jugé défavorablement des talens de ce peintre. (Voyez sa Vie, page 22.) Ce tableau, l'un de ses premiers ouvrages, est à Rome, dans le monastère de Saint-Pierre *in Vincoli*. Il y en a une bonne copie dans l'église, près le tombeau du cardinal *Agucchi*, érigé sur les dessins du Dominiquin. Grav. *de Poilly; F. Daret.*

Pl. LXXXVIII. Le Ravissement de S. Paul. Peint sur cuivre ; hauteur 18 pouces, sur 14 pouces de largeur. Ce tableau, qui avait été fait pour M. *Agucchi*, se voyait du temps de *Félibien*, qui en a fait mention, dans la sacristie des Jésuites de la rue Saint-Antoine. Il orne actuellement le Musée Napoléon. Grav. *Ægid. Rousselet.*

Pl. LXXXIX. Un Ange présente des couronnes à Sainte Cécile et à S. Valerian. Cette peinture à fresque est à Rome, dans la chapelle de Sainte-Cécile, *à Saint-Louis des Français.* L'éditeur n'ayant pu se procurer la gravure originale lorsqu'il

TABLE DES PLANCHES

publia les soixante premières planches de ce Recueil, ce sujet n'a pas été placé à la suite de la planche IVe; il fait pendant à la planche Ve, où le Dominiquin a représenté *Sainte Cécile méprisant les Idoles.* Grav. *Dom. Cunego.*

Pl. XC. Sainte Cécile. Au palais *Rospigliosi*, à Rome. Peint à l'huile. Figures de moyenne proportion.

Pl. XCI. Sainte Cécile. Le tableau est en Angleterre. Il appartenait à *Robert Udny esq.*, lorsqu'il fut gravé par *W.m Sharp*, 1790.

Pl. XCII. Saint Jérôme. Ce tableau, peint sur cuivre, a 18 pouces de haut sur 14 pouces de large : de la Collection du Palais-Royal. Grav. *Fr. del Pó; de Poilly; Berseneff.*

Pl. XCIII. Saint François. De la même Collection : peint sur cuivre : hauteur 18 pouces ; largeur 14 pouces. Grav. *Colbenschalg; Delignon.*

Pl. XCIV. La Vierge présente l'Enfant-Jésus a S. Antoine de Padoue. Ce tableau, peint sur cuivre, est précieux pour le fini du pinceau, pour la douceur et la grâce des expressions. Il a passé du Cabinet du Roi au Musée Napoléon. Hauteur 17 pouces, largeur 13 pouces.

Pl. XCV. Martyre de deux Saints. Dessin de la galerie d'Apollon, au Musée Napoléon. Il est tracé à la plume, d'une touche indécise, peinée, et les ombres sont légèrement indiquées au lavis. On ignore quels Saints l'artiste a voulu représenter, et ce que signifient les deux petites figures que deux Anges tiennent suspendues en l'air. Il n'y a pas d'apparence que cette composition ait été exécutée en peinture.

Pl. XCVI. Apparition de S. Janvier. Dessin au crayon noir, rehaussé de blanc, sur papier de couleur. C'est la première pensée de l'artiste pour le tableau qu'il devait exécuter à Naples, dans la chapelle du trésor. Ce dessin, dont les figures ont environ 7 pouces de proportion, se voit au Musée Napoléon, et représente le moment où, lors d'une éruption du Vésuve, un Capucin exhorte les Napolitains à la pénitence et à implorer la protection de

S. Janvier. Cet évêque apparaît dans les airs, et sa bénédiction va éteindre les feux du volcan.

Pl. XCVII. Plafond du palais Costaguti, à Rome. Cette célèbre fresque, dont les figures sont de grandeur naturelle, décore l'une des six chambres du premier étage de ce palais. Cette pièce et les quatre suivantes ont été gravées par *Dom. Cunego.*

Pl. XCVIII. Apollon conduisant son char. Cette planche et les trois qui suivent offrent dans une plus grande proportion les différens groupes de la composition précédente.

Pl. XCIX. Le Temps fait triompher la Vérité.

Pl. C. Enfans ailés, portant les attributs d'Apollon.

Pl. CI. Enfans ailés, portant divers attributs.

Pl. CII. L'Annonciation. Grav. *Duflos.*

Pl. CIII. La Nativité. Gravé à Rome par *Colbenschalg.*

Pl. CIV. La Sainte Famille, dite *la Vierge à la Coquille*, parce que la Vierge assise près d'une source y puise avec une coquille. Ce tableau, qui a 14 pouces de haut sur 19 de large, est au *Musée Napoléon.*

Nota. Lorsque l'éditeur ne citera pas le nom du graveur à la fin de chaque article, c'est que la pièce n'aura pas encore été gravée, ou que l'estampe, si toutefois elle existe, n'étant pas parvenue à sa connaissance, il aura fait exécuter la planche d'après le tableau ou le dessin original.

Pl. CV. La Sainte Famille. Grav. *anonyme.*

Pl. CVI. Jésus chez Marthe et Marie. Composition capitale et l'une des plus agréables du Dominiquin. Grav. *Simonneau.*

Pl. CVII. Jésus au jardin des Oliviers. Grav. *G. Audran.*

Pl. CVIII. Le Couronnement d'épines. Figure de 9 à 10 pouces de proportion. Ce tableau, précieux sous le rapport de la composition et de la force des caractères, fait partie de la riche Collection de M. Lucien Bonaparte, frère du Premier Consul.

Pl. CIX. Jésus-Christ portant sa Croix. Peint sur cuivre : 20

pouces de haut sur 25 de large. Il a passé du cabinet de M. de Seignelay dans celui du duc d'Orléans, et de là en Angleterre. Grav. **Henriquez.**

PL. CX. L'ASSOMPTION. Grav. *de Poilly; Francesco Bruni.*

PL. CXI. TIMOCLÉE DEVANT ALEXANDRE. Ce tableau, peint sur toile, a 3 pieds 6 pouces de haut, sur 4 pieds 8 pouces de large. Il offre en général un bon goût de dessin, une composition sage, une grande simplicité de coloris et d'exécution. Musée NAPOLÉON.

PL. CXII. NARCISSE. Figure de grandeur naturelle. Ce tableau, peint sur toile, est placé dans la galerie de M. Lucien Bonaparte.

PL. CXIII. HERCULE ET CACUS. Ce beau paysage et celui qu'offre la planche suivante sont peints sur toile; ils ont l'un et l'autre 4 pieds 7 pouces de large, sur 3 pieds 7 pouces de haut. La composition en est héroïque, les masses vigoureuses, le coloris ferme, et la touche facile. Les figures, que l'on pourrait regarder comme accessoires, sont d'un bon style et animent ces sites sauvages. Musée NAPOLÉON.

PL. CXIV. COMBAT D'HERCULE ET D'ACHÉLOÜS. Musée NAPOLÉON.

PL. CXV. LA MORT D'HYACINTHE. L'original est à Rome, peint à fresque, dans une chambre basse d'une maison dépendante du palais *Spada*. Les figures ont environ deux pieds de proportion. Grav. *Dom. Cunego.*

PL. CXVI. BAIN DE NYMPHES. Dessin à la plume, gravé par *Bernard Picart.*

PL. CXVII. SCÈNE CHAMPÊTRE. Joli paysage du cabinet de M. Lucien Bonaparte.

PL. CXVIII. SAINT JÉROME DANS LE DÉSERT. Ce tableau, peint sur bois, était dans la galerie du Palais-Royal. 17 pouces de haut sur 22 pouces de large. Grav. *Mathieu* et *Dequevauvillers.*

PL. CXIX. LA FUITE EN ÉGYPTE. Tableau du Musée NAPOLÉON. Le Dominiquin a placé dans ce paysage des figures de fantaisie. La Sainte Famille est sur le premier plan. 5 pieds de haut, sur 6 pieds et demi de large.

PL. CXX. VUE DES ENVIRONS DE ROME. Dessin gravé par le comte de Caylus.

DE L'ŒUVRE DU DOMINIQUIN. 15

Pl. CXXI. La Naissance de la Vierge. Ce tableau et les quatorze suivans représentent les principales circonstances de la vie de Marie. Le Dominiquin les peignit à fresque au dôme de la chapelle Nolfi, dans l'église de Fano, ville située à vingt-cinq milles de Rome. Ils forment une des parties les plus intéressantes de l'Œuvre du Maître. Suite gravée par *Dom. Cunego*, 1778.

Pl. CXXII. La Présentation de la Vierge.
Pl. CXXIII. Le Mariage de la Vierge et de S. Joseph.
Pl. CXXIV. L'Annonciation.
Pl. CXXV. La Visitation.
Pl. CXXVI. L'Adoration des Bergers.
Pl. CXXVII. L'Adoration des Mages.
Pl. CXXVIII. La Présentation de J. C. au Temple.
Pl. CXXIX. La Circoncision de N. S.
Pl. CXXX. La Fuite en Egypte.
Pl. CXXXI. Le Christ au tombeau.
Pl. CXXXII. La mort de la Vierge.
Pl. CXXXIII. L'Assomption.
Pl. CXXXIV. La Vierge couronnée dans le Ciel.
Pl. CXXXV. La Vierge au milieu d'un chœur d'Anges.
Pl. CXXXVI. L'Éternel dans sa gloire.

Pl. CXXXVII. Le Martyre de S. Etienne. On ignore pour qui le Dominiquin a peint ce sujet. Les figures sont de très-petite proportion. Le tableau a été vendu il y a quelques années, chez M. Le Brun, à Paris. Quelques personnes présumaient que c'était une copie, mais si les opinions étaient partagées sur l'originalité de la peinture, elles étaient d'accord sur l'originalité de la composition. *Inédit.*

Pl. CXXXVIII. Par une licence assez ordinaire aux Peintres anciens, le Dominiquin a représenté dans ce tableau plusieurs circonstances réunies de la fable de Myrrha; le moment où cette princesse, fuyant le courroux de son père, et après avoir imploré la clémence des dieux, est métamorphosée en cet arbre d'où découle le parfum qui porte son nom; l'instant où

Myrrha, cachée sous l'écorce de l'arbre, est prête à donner le jour à Adonis. Différens accessoires étrangers à l'action présente, tels que le sanglier percé d'un javelot, l'arc et les flèches indiquent, par anticipation, la fin malheureuse de ce jeune chasseur. Grav. *Corn. Bloëmaert.*

Pl. CXXXIX. Les Fureurs d'Hercule. Ce tableau et le suivant sont en Angleterre, gravés l'un et l'autre à la manière noire, par *Pichler.*

Pl. CXL. Hercule et Omphale.

Pl. CXLI. Le Martyre de S. André, d'après un dessin tiré du Musée Napoléon. Tracé à la plume et lavé à l'encre de la Chine. *Inédit.*

Pl. CXLII. Renaud et Armide. Il provient du cabinet du Roi, et fait maintenant partie du Musée Napoléon. Figures de grandeur demi-nature. Grav. *Croutel.*

Pl. CXLIII. Le Christ au tombeau.

Pl. CXLIV. Lucrèce : du cabinet du chevalier Welbore-Ellis ; 3 pieds 3 pouces de haut, sur 3 pieds 11 pouces de long. Circé, tiré du cabinet de M. Moreland ; 2 pieds 11 pouces de haut, sur 2 pieds 2 pouces de large. La gravure de ces deux tableaux a été publiée à Londres par *Boydel.*

Pl. CXLV. Sainte Catherine ; les Saintes Femmes ; d'après deux dessins tracés à la plume, et légèrement ombrés au lavis ; du cabinet de M. Roger-Lagoy. *Inédits.*

Pl. CXLVI. Nymphe caressant une Licorne. Le Dominiquin était encore élève d'Annibal Carache, lorsqu'il peignit ce tableau à fresque, dans la galerie Farnèse.

Pl. CXLVII. Sujet pastoral ; d'après un dessin à la plume, du cabinet de Caylus. Gravé par cet amateur.

Pl. CXLVIII. Jésus-Christ tenté par le Diable. Dessin à la plume, du même cabinet. Gravé par le même.

Pl. CXLIX. La Fuite en Egypte, d'après un dessin à la plume. Gravé en Hollande, par *Louis Garreau.*

DE L'ŒUVRE DU DOMINIQUIN.

Pl. CL. Un Paysage traversé par une rivière, où l'on voit des Pêcheurs. Tableau tiré du cabinet du duc d'Orléans. *Inédit.*

Pl. CLI. Paysage. Gravé par Caylus, d'après un dessin de sa collection.

Pl. CLII. Paysage. Dessin du cabinet de M. Roger-Lagoy. *Inédit.*

Pl. CLIII. La Fuite en Egypte. Tiré de la collection du comte de Coventry, et gravé par William Byrne, en 1767. Ce tableau a 18 pouces de hauteur sur 2 pieds de long.

Pl. CLIV. Ecce Homo. Paysage.

Pl. CLV. Cette planche et les trois suivantes représentent les peintures exécutées aux quatre angles de la coupole de la chapelle du Trésor de l'église Saint-Janvier à Naples. Ce sont trois sujets tirés de la vie de ce Saint, et sa Béatification. Ce dernier seulement a été publié par M. l'abbé de Saint-Non, dans son *Voyage de Naples.*

Pl. CLVI. Voyez l'explication ci-dessus.

Pl. CLVII. *Idem.*

Pl. CLVIII. *Idem.*

Fin de la Table des Planches.

VIE

DE FRANCESCO ALBANI,

DIT L'ALBANE,

Avec son Portrait, et quinze Planches gravées d'après ses principaux Ouvrages.

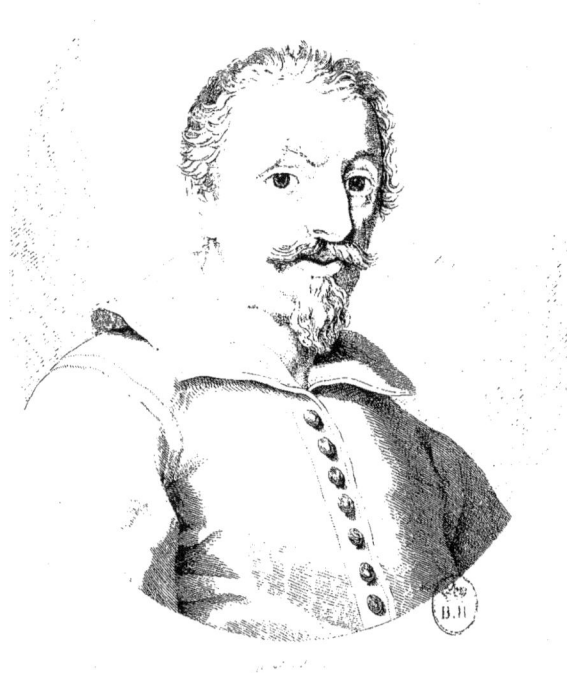

VIE
DE L'ALBANE.

Après avoir publié la Vie du Dominiquin et l'Œuvre gravé de ce Maître, aussi complet qu'il a été possible, il a paru convenable de citer immédiatement un Peintre du même pays, qui, peut-être, n'a pas moins contribué à illustrer l'Ecole bolonaise ; de rapprocher deux émules liés, dès leur tendre jeunesse, d'une amitié qui ne se démentit jamais; enfin, de réunir dans un même volume *
les productions de deux Artistes contemporains, qui ont appliqué à leur art les mêmes principes, et dont les ouvrages ont, sous quelques rapports, une conformité remarquable.

On a lu dans la notice sur le Dominiquin, que l'Albane, un peu plus âgé que lui, l'avait quitté avec regret pour aller trouver à Rome Annibal Carache, qui y peignait la galerie du palais Farnèse; qu'il le fit venir quelque temps après son arrivée dans cette ville, le logea dans sa propre maison, pourvut à tous ses besoins pendant deux années,

* On ne donne à la suite de la Vie de l'Albane que quinze Planches choisies parmi ses compositions, conformément au plan de cet ouvrage, où l'on insère l'Œuvre complète des seuls Maîtres que l'opinion générale place au premier rang, ou qui sont cités comme chefs d'Ecole.

usa de tout son crédit pour le faire connaître avantageusement, et combattit toujours avec une noble franchise les envieux que le grand mérite du Dominiquin lui suscitait sans cesse. Pourquoi de tels exemples de générosité et de modestie sont-ils aussi rares parmi les hommes qui aspirent au même genre de célébrité ?

François Albani, que nous nommons l'Albane, né à Bologne en 1578, eut de longues difficultés à vaincre pour obtenir de sa famille la liberté de se livrer à son goût pour les Arts. Son père, Augustin Albani, qui s'était enrichi dans le commerce de la soie, voulait absolument que François, le second de trois fils qu'il avait, se mît en état de lui succéder un jour; L'Albane ne fit aucun progrès dans une profession pour laquelle il sentait une aversion insurmontable. Son père n'en persista pas moins dans son projet ; il y était excité par quelques peintres d'un ordre très-inférieur, qu'il employait à décorer ses appartemens : ces hommes, incapables de sentir la noblesse d'un Art qui n'offrait à leurs yeux qu'un travail mercenaire, lui persuadaient qu'un jeune homme qui pouvait acquérir une fortune brillante ne devait pas s'abaisser à manier le pinceau.

Mais l'Albane devait suivre sa destinée, et bientôt un événement imprévu rompit les obstacles qui s'opposaient à ses inclinations. A peine avait-il atteint sa douzième année, que son père mourut. Heureux s'il n'eût point acheté la liberté de suivre ses goûts, au prix d'une perte si douloureuse! Un de ses parens, auquel il fut confié, lui permit enfin d'entrer dans l'école de Denis Calvart. Ce peintre, flamand d'origine, jouissait à Bologne d'une certaine réputation; du moins on lui reconnaissait le talent d'enseigner avec fruit les élémens de la peinture.

L'Albane trouva dans cette Ecole le Guide, dont les progrès étaient si considérables, que souvent Calvart lui confiait la direction de ses jeunes condisciples.

L'habitude de se communiquer leurs idées rendit bientôt le Guide et l'Albane amis intimes. Ils étaient en quelque sorte inséparables, et en même temps une noble émulation régnait entre eux. L'Albane sentait son infériorité, et employait tous ses efforts pour atteindre au talent de son rival. Le Guide, de son côté, mettait sa gloire à conserver sa supériorité.

L'Ecole des Caraches, qui avait eu Louis pour fondateur, était alors à Bologne dans tout son éclat. Soit que le Guide ne pût résister au desir de recevoir leurs savantes leçons, soit qu'il fût fatigué des mauvais traitemens de Denis Calvart, il l'abandonna pour ces maîtres célèbres. L'Albane s'aperçut alors du tort que lui faisait l'absence de son ami, et chercha un prétexte pour quitter à son tour l'atelier de Calvart : l'humeur brusque et chagrine de ce maître le lui offrit bientôt. L'Albane, à la mort de son père, avait hérité d'une maison de campagne; Calvart lui ayant reproché durement d'y passer la plus grande partie de son temps, l'élève, impatient, quitta aussitôt Calvart, qui, déja irrité de la retraite du Guide, souffrit avec peine cette seconde mortification.

Louis Carache accueillit avec plaisir ce nouveau disciple, dont les talens lui étaient connus. Mais la bonne intelligence qui subsistait entre le Guide et l'Albane dégénéra bientôt en froideur. La plupart des Auteurs en rejettent la faute sur le Guide, qui, disent-ils, voyait d'un œil d'envie les succès d'un rival dont il avait dirigé les premiers essais. Malvasia seul *, contemporain de ces deux artistes, plus à portée que tout autre d'être instruit de ces détails, ne sait s'il doit reprocher au Guide sa jalousie, ou à l'Albane son émulation trop ambitieuse. Il paraît certain que la conduite que tint celui-ci n'était pas exempte de reproche.

Lorsqu'on éleva sur la place publique à Bologne un monument à la mémoire du pape Clément VIII, le Guide, considéré alors comme le plus habile des élèves des Caraches, fut chargé d'y représenter quelques figures allégoriques; dans le même temps, l'Albane obtint d'un particulier qui n'aimait pas le Guide, de peindre à fresque sur la façade de sa maison une Assomption de la Vierge. Cette maison était située sur la place. Ainsi, les ouvrages des deux Artistes se trouvèrent exposés en face l'un de l'autre.

L'Albane ne se borna point à cette première tentative: par-tout où le Guide exécutait quelque tableau, on en voyait

---

* Voyez l'Ouvrage que cet Ecrivain, né à Bologne, a donné sur les Peintres de son pays, sous le titre de *Felsina Pittrice*, t. 2, p. 225.

bientôt paraître un de l'Albane. Il fit placer à Saint-Michel *in Bosco* un *Noli me tangere*, parce que cette église possédait un Saint-Eustache du Guide. Ce dernier avait représenté, à la voûte de l'oratoire de Sainte-Marie *del Piombo*, divers groupes d'Anges très-estimés; et, sur les côtés, des Sibylles, qui n'avaient pas moins contribué à sa réputation. L'Albane, en faisant un sacrifice sur le prix qu'il eût pu demander, obtint l'exécution du tableau du maître-autel de cette église. Il donna tous ses soins à cet ouvrage, et eut la gloire de voir qu'on le préférait aux peintures du Guide, sous le rapport de la correction du dessin et de la vérité du coloris *.

Cependant, au milieu d'une lutte si animée, les deux émules tinrent une conduite digne d'éloges. Chacun d'eux parlait de son rival dans les termes les plus mesurés, et ne manquait pas, soit dans la conversation, soit par écrit, d'exalter ses talens. Ils surent ainsi honorer leur Art et s'honorer eux-mêmes.

Vers cette époque, Annibal Carache venait d'être mandé à Rome par le cardinal Farnèse, pour y peindre cette fameuse galerie qui, plus qu'aucun autre de ses ouvrages, a immortalisé son nom. L'Albane, tendrement attaché à son maître, et depuis long-temps impatient de contempler les rares chefs-d'œuvre que renfermait la capitale des beaux Arts, se disposa à aller trouver Annibal ; il engagea le Guide, qui partageait son enthousiasme, à l'accompagner :

* Il fait maintenant partie du Musée Napoléon.

Celui-ci, obligé de terminer à Bologne quelques tableaux, refusa d'abord cette proposition, mais l'Albane eut la complaisance d'attendre qu'il fût en état de se mettre en voyage, et, en 1612, ils arrivèrent ensemble à Rome. L'Albane avait alors trente-quatre ans, et le Guide trois années de plus.

Ils n'eurent d'abord qu'un même logement ; mais la mésintelligence, fruit toujours renaissant de leur émulation, ne tarda pas à se manifester entre eux. Le Guide, plus généralement connu, recevait plus de marques de considération ; et cette préférence affligeait l'Albane, qui d'ailleurs, voyant avec chagrin qu'il lui fallût travailler sous la direction du Guide, cherchait tous les moyens de parvenir à être employé pour son propre compte.

En cette occasion, l'Albane ressentit les effets de l'amitié d'Annibal. Il peignit, d'après les cartons de ce Maître, la Chapelle *Errera* à Saint-Jacques des Espagnols ; il décora ensuite, d'après ses propres dessins, la galerie d'un palais de Bassano, à vingt-cinq milles de Rome. Il y représenta la Chute de Phaëton, et fit entrer dans sa composition les principales divinités de la Fable. Cette galerie, dont les figures sont plus grandes que nature, l'occupa neuf mois. *

---

* On n'a pas jugé nécessaire de répéter ici ce que l'on a indiqué au commencement de cette Notice, et énoncé plus amplement dans la Vie du Dominiquin (page 20), au sujet de la constante amitié de l'Albane pour ce jeune condisciple, qu'il avait appelé près de lui à Rome. Loin que leur émulation mutuelle produisît entre eux cette mésintelligence qu'on remarquait souvent entre le Guide et l'Albane, non-seulement ce dernier voyait sans jalousie les succès du Dominiquin, mais

A son retour de Bassano à Rome, l'Albane y peignit la galerie du palais Verospi. On voit dans le tableau du milieu du plafond * Apollon figurant le Soleil et réglant le cours des Saisons. Dans les deux tableaux qui sont de chaque côté de celui-ci, le Sagittaire et le Verseau; au dessous de ce dernier, l'Aurore annonce le Jour; à l'extrémité opposée, la Nuit étendant ses ailes tient dans ses bras deux enfans endormis; aux parties latérales, on voit les six autres Planettes représentées par les divinités dont elles portent le nom. Pour donner de l'ensemble à sa composition, l'Artiste a accompagné ces tableaux de divers autres objets analogues peints dans une plus petite proportion. Il peignit dans le même palais deux sujets de l'histoire de Pâris et deux de l'histoire de Galathée **, pour lesquels il se fit aider par Sisto Badalocchi, ainsi que lui, élève des Caraches.

Vers cette époque, l'Albane épousa Anne Rusconi, fille unique d'un veuve. Quoique cette jeune personne eût de la fortune et de la beauté, cette union ne fut pas heureuse. Peu de temps après son mariage, il perdit son épouse, qui ne lui avait laissé qu'une fille. Le procès qu'il eut au sujet de sa dot contribua beaucoup aux chagrins qu'il éprouva par la suite. Ou peut dire que la seconde moitié de sa carrière fut aussi malheureuse que la première avait été digne d'envie.

<small>encore il sollicita Annibal de lui laisser peindre quelques morceaux de la galerie Farnèse.
* Voyez Planche 8.
** Voyez Planches 9, 10, 11 et 12.</small>

Ne trouvant de consolation que dans le travail, l'Albane s'y adonna plus que jamais. Il orna de peintures à fresque le maître-autel de l'église *della Pace* ; il représenta à la voûte l'Assomption de la Vierge ; à l'autel même, l'Éternel dans sa gloire ; au-dessus, la Justice et la Paix se tenant embrassées; dans les côtés et sur les fenêtres latérales, des Anges jouant de divers instrumens; il peignit encore dans la même église David tenant sa harpe, et le prophète Isaïe.

Cependant son frère Dominique, qui jouissait d'une réputation distinguée dans le barreau, lui écrivait souvent pour l'engager à retourner à Bologne; sur-tout il le pressait de se remarier, et l'assurait qu'il était celui des trois frères à qui l'hymen convenait le plus ; qu'ils desiraient tous le voir jouir paisiblement de ses possessions, et mener une vie heureuse au sein de sa famille. Il céda enfin à ces prières réitérées, et emmena avec lui sa fille, qui n'avait alors que deux ans.

Sa famille le reçut à Bologne avec l'expression de la joie la plus vive, et l'on ne tarda pas à l'entretenir de projets d'union. Il jeta les yeux sur une dame issue des Fioravanti, famille distinguée dans le pays. On la nommait Doralice. Son bien était médiocre, mais sa beauté séduisit un Artiste qui avait toujours sacrifié aux graces. Elle le rendit père de douze enfans, qui, de même que leur mère, lui servaient ordinairement de modèles pour peindre ces sujets rians qu'il affectionnait, et qui ont plus particulièrement exercé son pinceau : la mère tenait ses jolis enfans endormis ou suspendus sur des bandelettes, pendant que l'Albane les peignait. L'Algarde et François Duquesnoy, sculpteurs célèbres, eurent souvent l'avantage de modeler d'après eux.

Dominique ne tarda pas à faire éprouver à son frère mille dégoûts par des conseils hors de saison, et par l'habitude qu'il avait contractée de blâmer tout ce qui concernait ses affaires domestiques. Estimé de ses compatriotes, époux d'une femme charmante, père d'une famille nombreuse qu'il chérissait, l'Albane eut été parfaitement heureux sans les chagrins que lui causait Dominique. Il ne trouvait d'autre moyen de s'y soustraire qu'en redoublant d'ardeur pour le travail, et retiré à sa campagne, qu'il appelait son belvédère, son Tivoli, il y était uniquement occupé de la perfection de ses ouvrages : aussi étaient-ils plus que jamais recherchés. Quoiqu'il s'adonnât principalement à peindre en petit, ce fut vers ce temps qu'il exécuta en grand son tableau du baptême de Jésus-Christ *, qui fut placé dans la ville de Montalte, et jugé une de ses meilleures productions. Il peignit aussi, pour le prince Borghèse, les quatre élémens **. Ces tableaux furent si estimés, que le duc de Mantoue et le cardinal-prince de Savoie desirèrent en avoir de semblables. L'Albane, qui avait une grande fécondité d'invention, en donna une nouvelle preuve en cette circonstance : il répéta les mêmes sujets pour ces princes, mais avec des change-

* Voyez Planche 3.
** Voyez Planches 13, 14, 15 et 16.

mens assez considérables. Il peignit, pour le *signor Falconieri*, divers sujets de fantaisie, représentant des Jeux de nymphes et de divinités de la Fable. Tous ces ouvrages, et plusieurs autres dans le même genre, lui acquirent la réputation du peintre le plus aimable et de l'un des plus savans qui eussent existé.

Au milieu des éloges que lui méritaient ces compositions gracieuses, l'envie ne laissa pas de l'affliger cruellement. Ses ennemis publiaient que son talent se bornait à peindre des enfans; qu'il en plaçait dans tous ses tableaux, sans examiner s'ils y convenaient ou non. On l'accusait de ne point varier ses airs de tête, de traiter avec mollesse les formes et les mouvemens énergiques des figures d'hommes: on allait jusqu'à lui contester le mérite de l'invention, dont on assurait qu'il avait tort de se prévaloir, puisque ses idées avaient peu d'originalité, et qu'il les répétait sans cesse. De plus, on assurait qu'il ne pouvait réussir que dans les sujets de petite proportion. L'Albane était extrêmement sensible à ces reproches, et sur-tout au dernier, dont on pouvait, disait-il, reconnaître la fausseté, puisqu'il y avait près de cinquante tableaux d'église de sa main dispersés dans les principales villes d'Italie.

En 1663, il fut appelé à Florence par le prince *Gio Carlo*, qui fut depuis cardinal. Il y peignit Diane et Vénus dans le même tableau ; Jupiter avec Ganymède qui lui présente l'ambrosie, et divers autres sujets tant à l'huile qu'à fresque.

De retour à Bologne, l'Albane s'appliqua au travail avec

la même ardeur; mais quoique son assiduité ne se refroidît pas, on ne tarda pas à s'apercevoir que son génie commençait à se sentir de l'effet de l'âge; il n'avait déja plus la même facilité dans la composition; il vit sa réputation diminuer peu à peu, et ses tableaux ne furent plus aussi recherchés des amateurs, au moment même où les ressources de son talent lui devenaient plus nécessaires.

Il avait eu la faiblesse d'abandonner à son frère Dominique l'administration de tous ses biens, afin d'éviter ses reproches ordinaires, et de se livrer sans inquiétude à un art qui faisait ses plus chères délices; mais combien ne dut-il pas se reprocher sa confiance, lorsqu'à la mort de Dominique, il vit que celui-ci en avait fait le plus mauvais usage, et qu'il avait contracté au nom de l'Albane pour 70,000 f. de dettes? Ses créanciers l'assaillirent, et il fut obligé de vendre, pour les satisfaire, ces maisons de campagne qui lui avaient fourni les sites agréables de ses tableaux, et où il avait passé tant de jours heureux.

Un autre malheur se joignit à celui-ci. La mère de sa première femme s'était remariée à un peintre bolonais nommé Viola. L'Albane avait pris cet homme en amitié, et lui avait appris les secrets de son art. Ce fut lui qui rendit ses derniers jours amers, en le forçant de faire un voyage à Rome, pour y soutenir un procès à l'occasion de la dot d'Anne Rusconi. Cependant, les dépenses qu'occasionnait à l'Albane une famille nombreuse, et le paiement des dettes que Dominique lui avait fait contracter, absorbaient tout le fruit de son travail. Ce procès lui faisait perdre beaucoup de temps, et lui ôtait cette tranquillité d'esprit, sans laquelle un Artiste ne peut donner un libre essor à son génie : il est triste d'ajouter, qu'en proie à l'infortune, ce peintre, dont les princes et les rois avaient recherché avec empressement les ouvrages, se vit réduit, dans les derniers temps de sa vie, à solliciter toutes les occasions d'employer ses talens. Il ne refusait jamais les conditions les plus dures, ni les prix les plus modiques ; il tirait même parti des copies faites par ses élèves, et faiblement retouchées de sa main.

Accablé de chagrins et d'années, l'Albane sentit de jour en jour ses forces décliner. Alors il ne songea plus qu'à se préparer pieusement à la mort. Il n'avait quitté le pinceau qu'aux approches de sa dernière maladie. Il y succomba à l'âge de 83 ans.

Ses amis desiraient lui rendre avec pompe les honneurs funèbres. Malvasia donne, dans un grand détail, la description de la cérémonie qui devait avoir lieu ; mais les envieux de l'Albane parvinrent à s'y opposer, malgré l'estime et l'intérêt que la ville de Bologne portait à sa mémoire, non-seulement pour la gloire qu'elle recevait des rares talens de ce peintre célèbre, mais encore pour ses excellentes qualités. La fille qu'il eut de son premier mariage avait embrassé la vie religieuse, et devint abbesse. L'histoire ne dit rien de ses autres enfans.

Le catalogue exact des tableaux de l'Albane serait très-difficile à faire, quoique l'on en ait gravé un très-grand nombre. On va citer les plus connus.

A Rome, dans l'église Saint-Sébastien, le Martyre de ce Saint et l'Assomption de la Vierge; à Saint-Barthelemi *di Porta*, une Nativité, et un Sujet de la vie de S. Joseph; le plafond, peint à fresque, de la chapelle *San Diego*, à Saint-Jacques des Espagnols, d'après les cartons d'Annibal Carache; et la galerie Verospi.

A Bassano, aux environs de Rome, la Galerie de la vigne Justiniani, la Tribune de l'église *della Pace*.

A Bologne, dans l'église Saint-Georges, le Baptême de Jésus-Christ; à Saint-Barthelemi, une Annonciation; à la Madone *di Galtera*, Notre-Seigneur recevant de la main des Anges les instrumens de sa passion; dans la sacristie de la même église, une Fuite en Egypte, une Sainte-Famille, une Madeleine; aux Capucins, la Vierge avec l'Enfant-Jésus, un groupe de sept Anges et S. Joseph; aux Servites, le Martyre de S. André, un *Noli me tangere*; aux religieuses de *Jesu è Maria*, S. Guillaume en habit de guerre, à genoux devant un crucifix; un autre tableau représentant un Chœur de Chérubins; à Saint-Michel *in Bosco*, l'Inhumation de deux Martyrs, Ste Cécile brisant son orgue, S. Benoît qui ressuscite un Mort.

A Reggio, en Lombardie, dans l'église Saint-François, le Baptême de Jésus-Christ; à Florence, dans la galerie du grand-duc, une Vierge, la Chasteté de S. Joseph, Vénus sur les eaux, et les quatre tableaux de la Chasteté de Diane et des Amours de Vénus, qu'il avait peints pour le duc de Mantoue. Ces derniers font maintenant partie du Musée Napoléon; ils provenaient de l'ancien cabinet du Roi.

Chez le duc de Modène, des Amours dansant autour d'un piédestal; dans la galerie du duc de Parme, une sainte Rose avec des Anges, dans un beau fond de paysage.

Dans la galerie de Dusseldorf, Vénus endormie entourée d'Amours, Adonis partant pour la chasse; en Espagne, au palais de *Buen Retiro,* le Printemps, le Jugement de Pâris.

Le duc d'Orléans, dont la collection a passé en Angleterre, possédait neuf tableaux de l'Albane, savoir: Salmacis, dans un fond de paysage, une Sainte-Famille; un autre, connu sous le nom de la Laveuse, la Communion de la Madeleine, le Baptême de Notre-Seigneur, la Samaritaine, un *Noli me tangere,* la Prédication de S. Jean, S. Laurent-Justiniani, tous petits tableaux peints sur cuivre, excepté ce dernier, peint sur toile, et plus grand que nature.

Un grand nombre des tableaux que l'on vient de citer, ont été déplacés par l'effet des diverses circonstances; on ne peut indiquer les cabinets où ils ont passé.

Outre les quatre tableaux des Amours de Vénus et de la Chasteté de Diane, désignés ci-dessus, on voyait dans la collection du Roi de France, Vénus à sa toilette, servie par les Nymphes; trois différens Sujets de la fable de Vénus et Adonis, les Nymphes de Diane qui coupent les ailes aux Amours endormis, Cybèle et les Saisons, Apollon et

Mercure, une Vierge et l'Enfant-Jésus, à qui des Anges présentent des fleurs ; deux tableaux de l'Annonciation, le Baptême de Jésus-Christ, S. Jean prêchant dans le désert, l'Apparition de Notre-Seigneur à la Madeleine, la Charité, la Sainte-Famille, Dieu le père dans une Gloire, Adam et Eve chassés du Paradis, la Chasteté de Joseph, la Fable de Latone, Ulysse et Circé, Vénus, Vulcain et les Amours, les Bains de Diane, Salmacis et Hermaphrodite, Apollon et Daphné. Ces deux derniers, qui font pendant l'un à l'autre, sont des modèles d'élégance et de finesse : l'Albane n'a peut-être rien fait de plus gracieux. Ces vingt-deux tableaux sont maintenant placés au Musée Napoléon, qui, depuis son établissement, a acquis d'autres ouvrages du même maître. La Nativité de la Vierge et un *Ecce homo*, figures de grandeur naturelle ; le Repos en Egypte, S. François en oraison devant un crucifix, Apollon chez Admète, les quatre Elémens, tableaux en rond, que l'on a déja cités.

Indépendamment de cette liste, on en formerait une non moins nombreuse, des tableaux de l'Albane qui se trouvent dans les divers cabinets de l'Europe ; et l'on ne doit pas en être étonné, lorsque l'on considère que cet Artiste vécut près de quatre-vingt-trois ans, et qu'il était très-laborieux.

Ses principaux élèves sont, Jean-Baptiste et Pierre-François Mola, André Sacchi, Cignani, Gio-Maria Galli, Bibiana, Pietro Torri, Philippo Menzani, Pianori, Bonini, Taruffi.

Ch. Bloëmaert, Farjat, Etienne Baudet, J. Audran, Picart le romain, et quelques autres, ont gravé d'après lui.

L'Albane a fait des dessins, mais il les communiquait peu ; il refusa même d'en donner au cavalier Marini, qui le voulait louer dans ses vers ; c'est par cette raison que ses dessins sont extrêmement rares. Ils sont tracés à la plume et lavés au bistre ou à l'encre de la Chine ; il en a fait aussi au crayon rouge ou à la pierre d'Italie. Les formes en sont généralement lourdes, et la touche est peu facile.

L'Albane partageait son admiration entre le vieux Palme, dont il estimait le caractère historique, et le Corrège, dont il affectionnait les graces enchanteresses. Il regardait Michel-Ange comme le génie le plus élevé parmi les modernes et la plupart des anciens ; et ne parlait jamais de Raphaël sans se découvrir. Quant au Caravage, il disait qu'il était venu pour la perte de l'Art.

Quoiqu'aient pu dire les ennemis de l'Albane, du vivant de cet Artiste, et malgré l'opinion de quelques modernes qui voudraient le déprimer, son pinceau gracieux lui méritera toujours une place distinguée parmi les grands maîtres ; enfin, tant qu'on saura apprécier des ouvrages où se trouvent réunis la volupté sans licence, une imagination riante, fraîche et ingénieuse, un coloris vrai et léger, un dessin correct et naïf, les ouvrages de l'Albane seront cités avec distinction.

F I N.

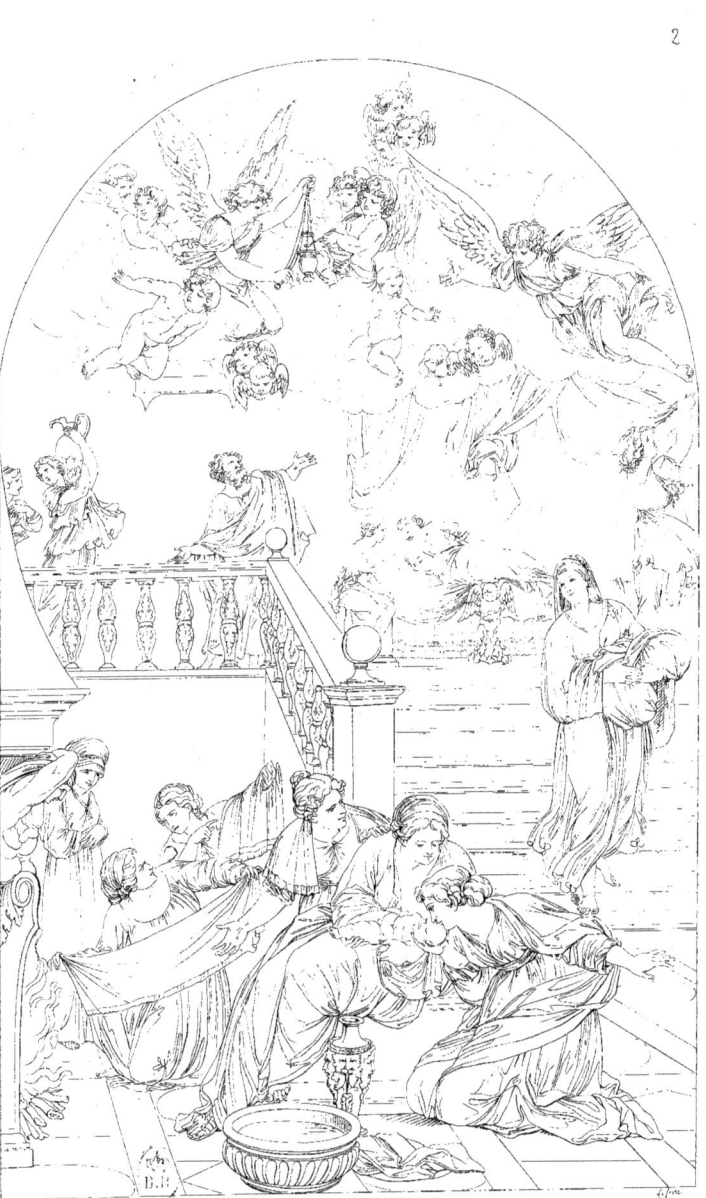

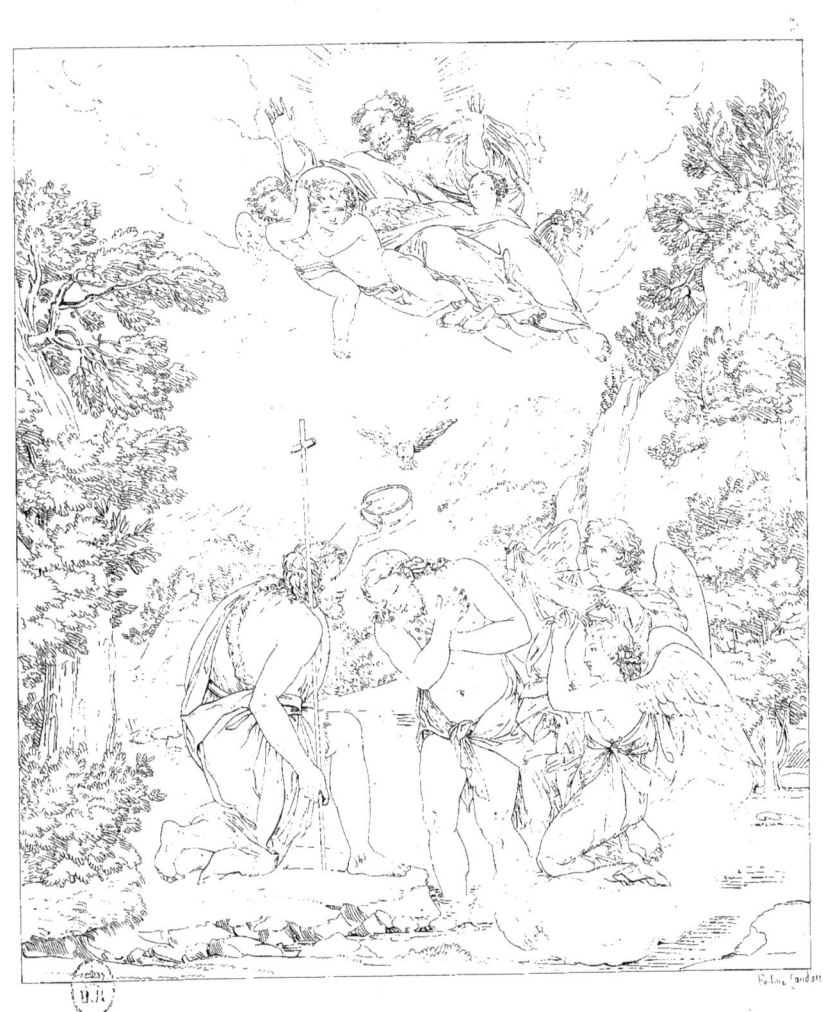

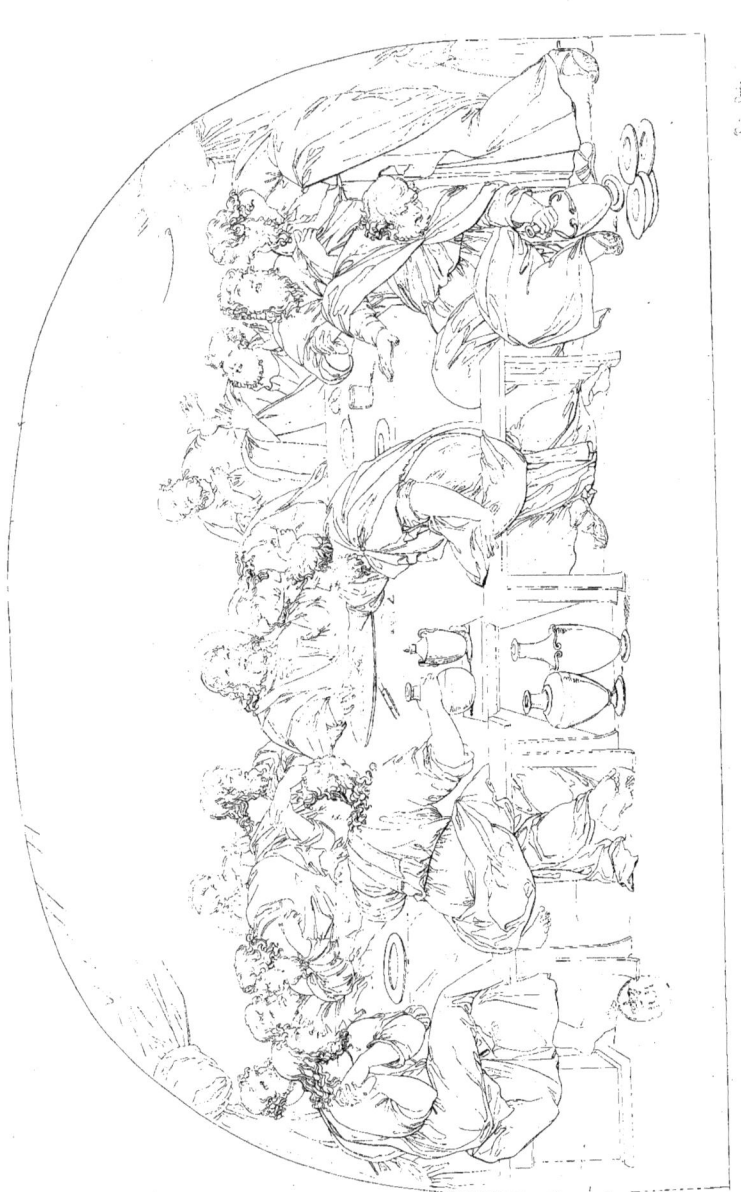

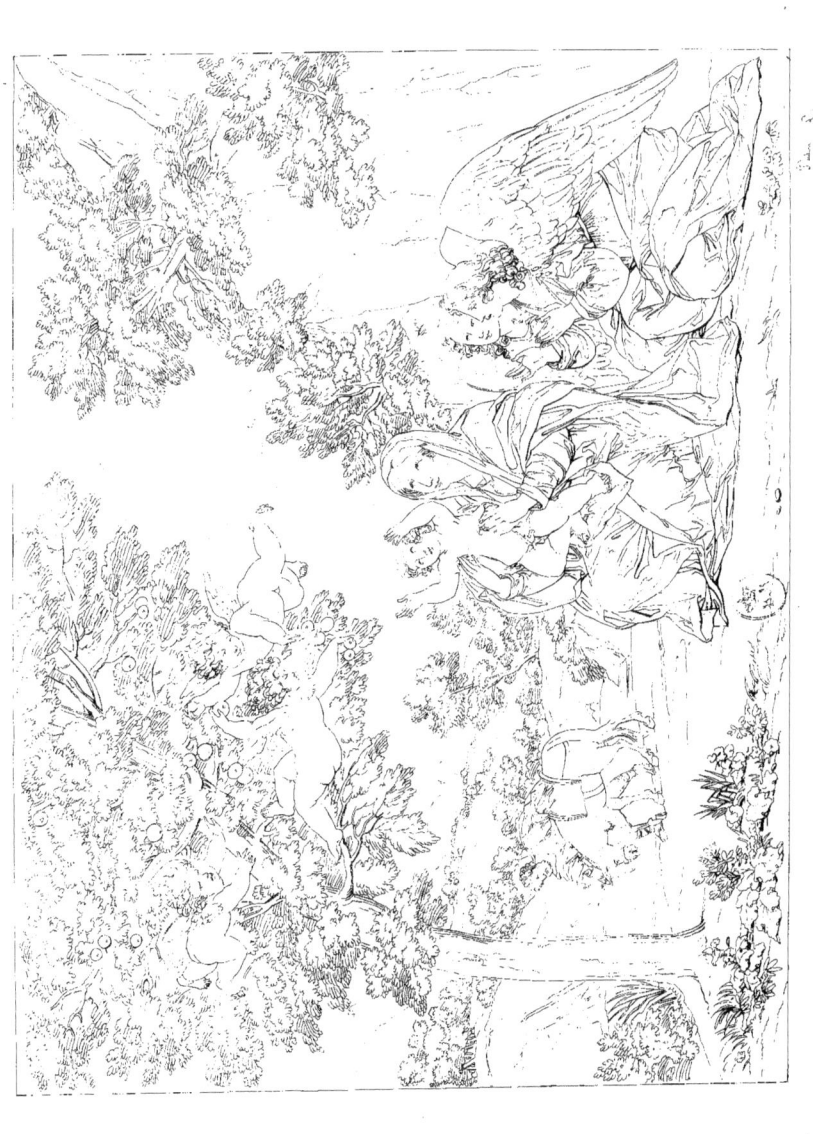

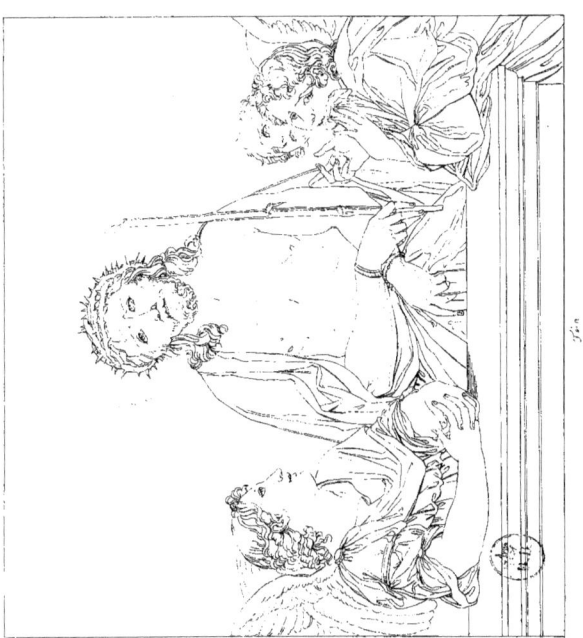

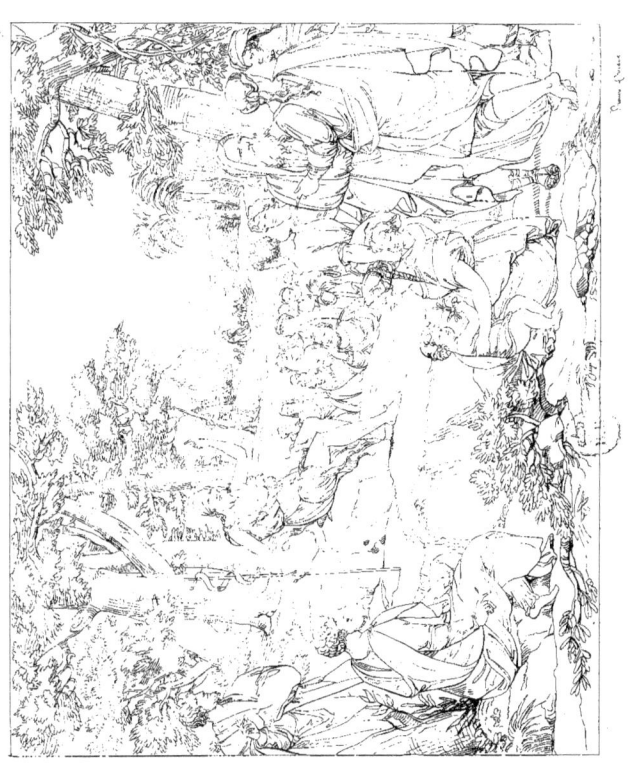

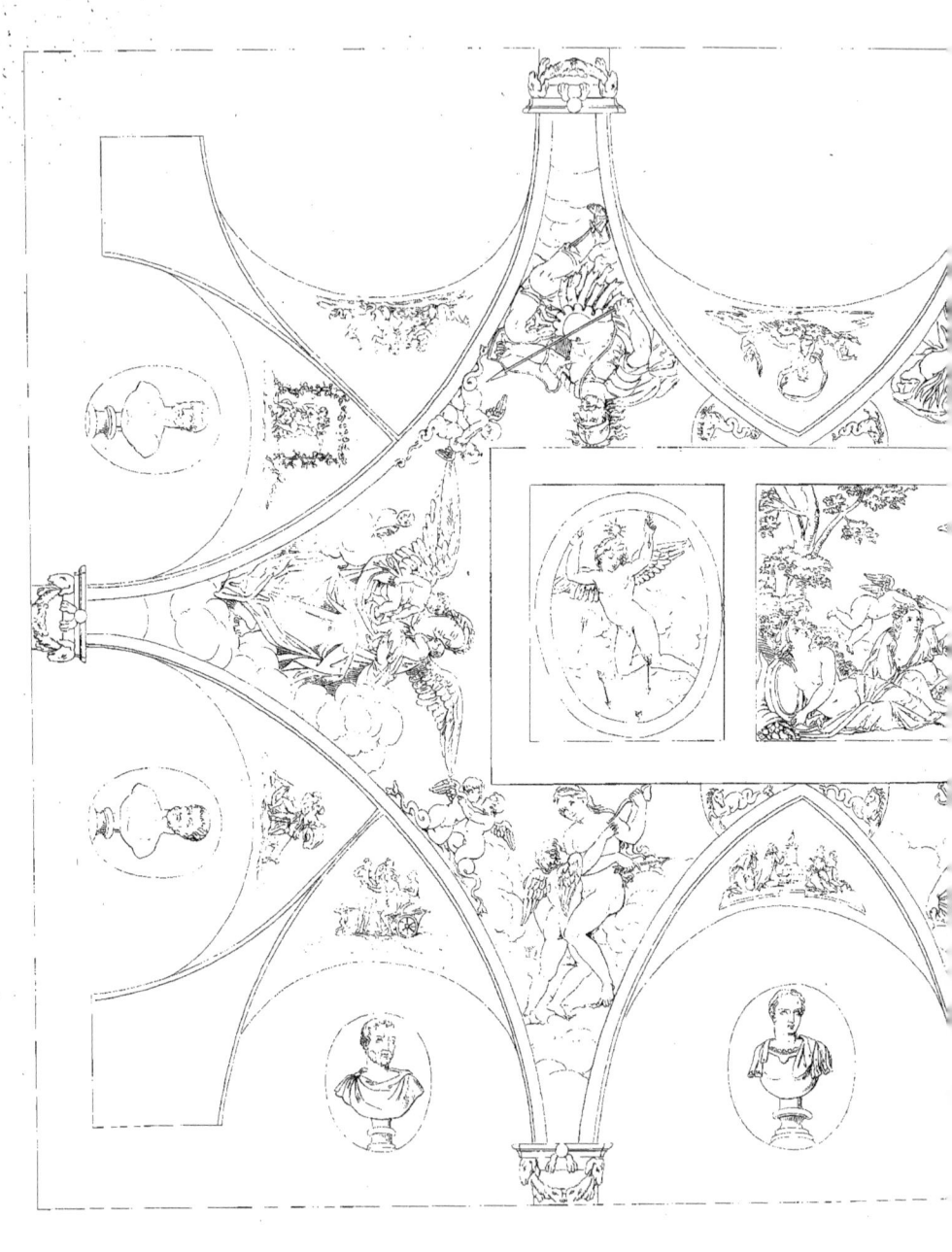

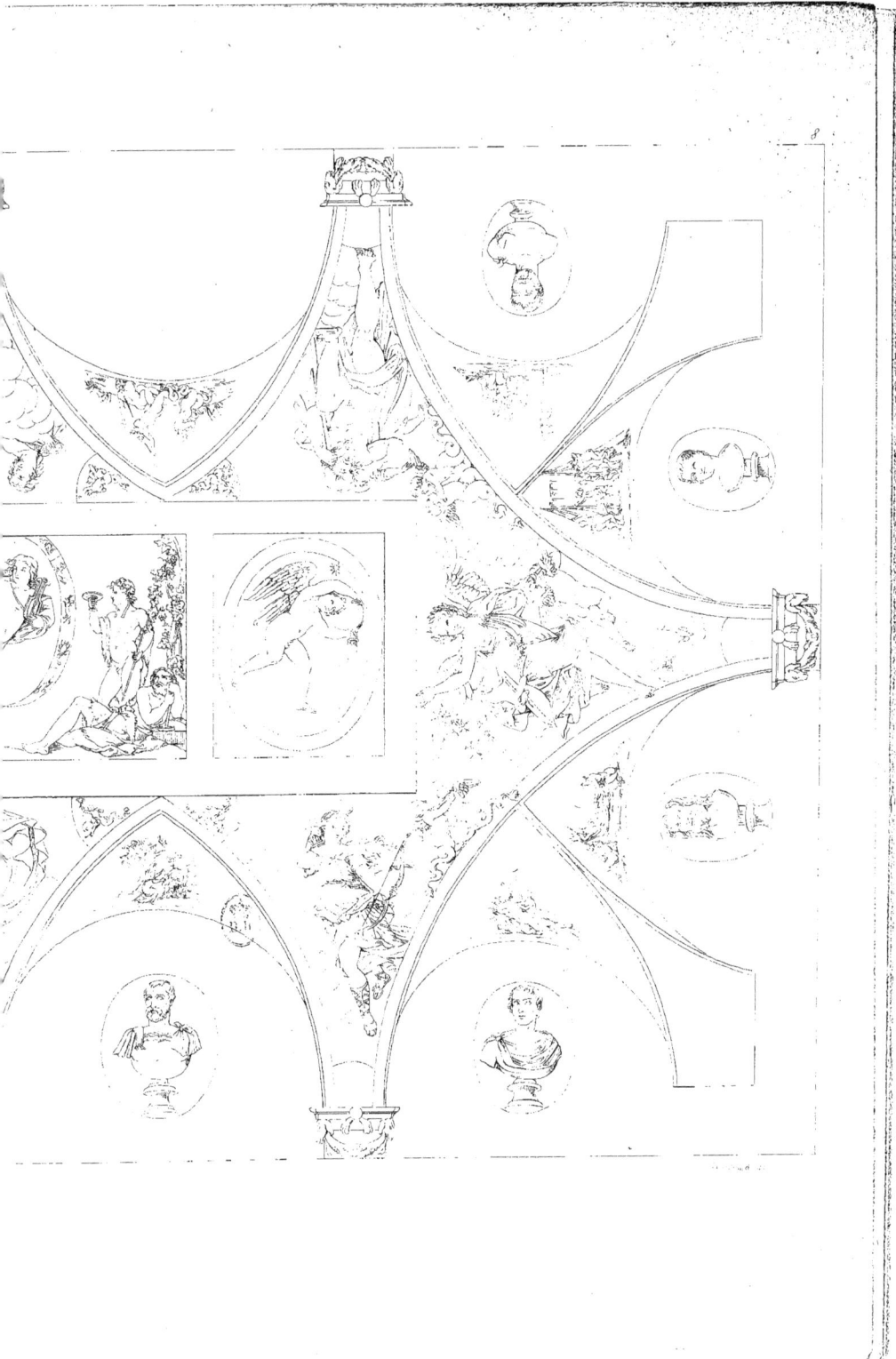

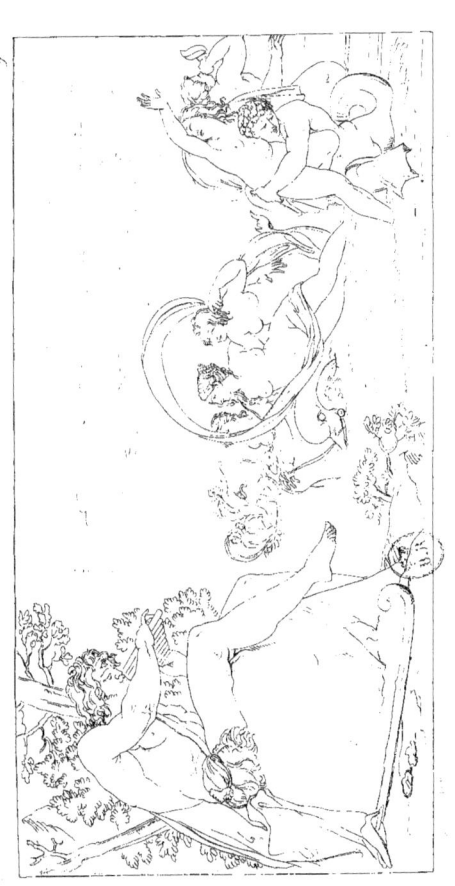

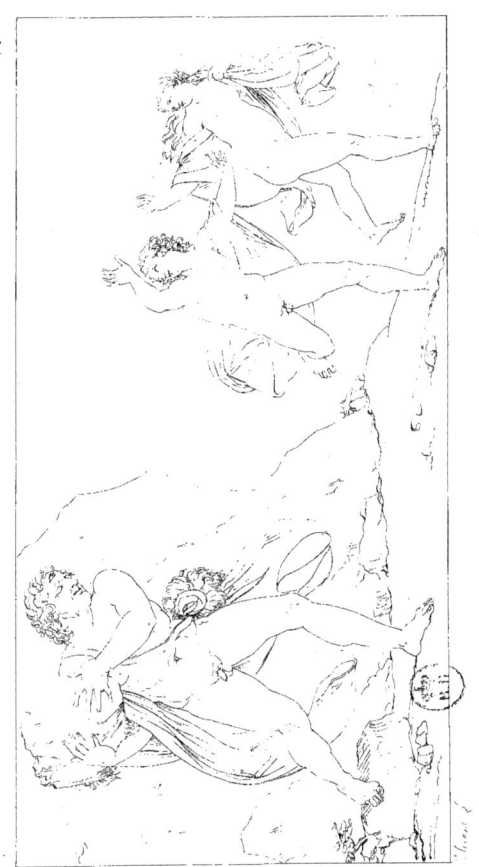

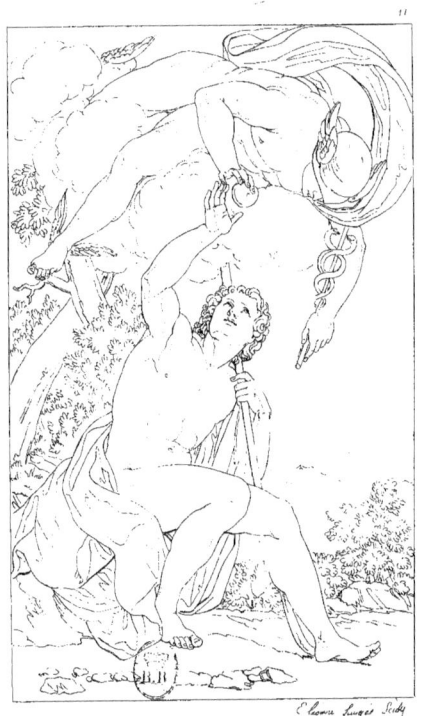

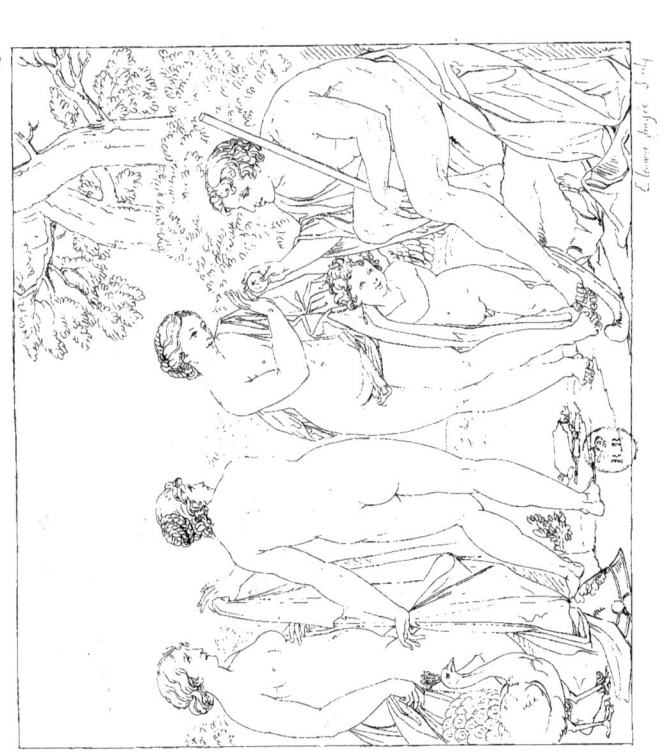

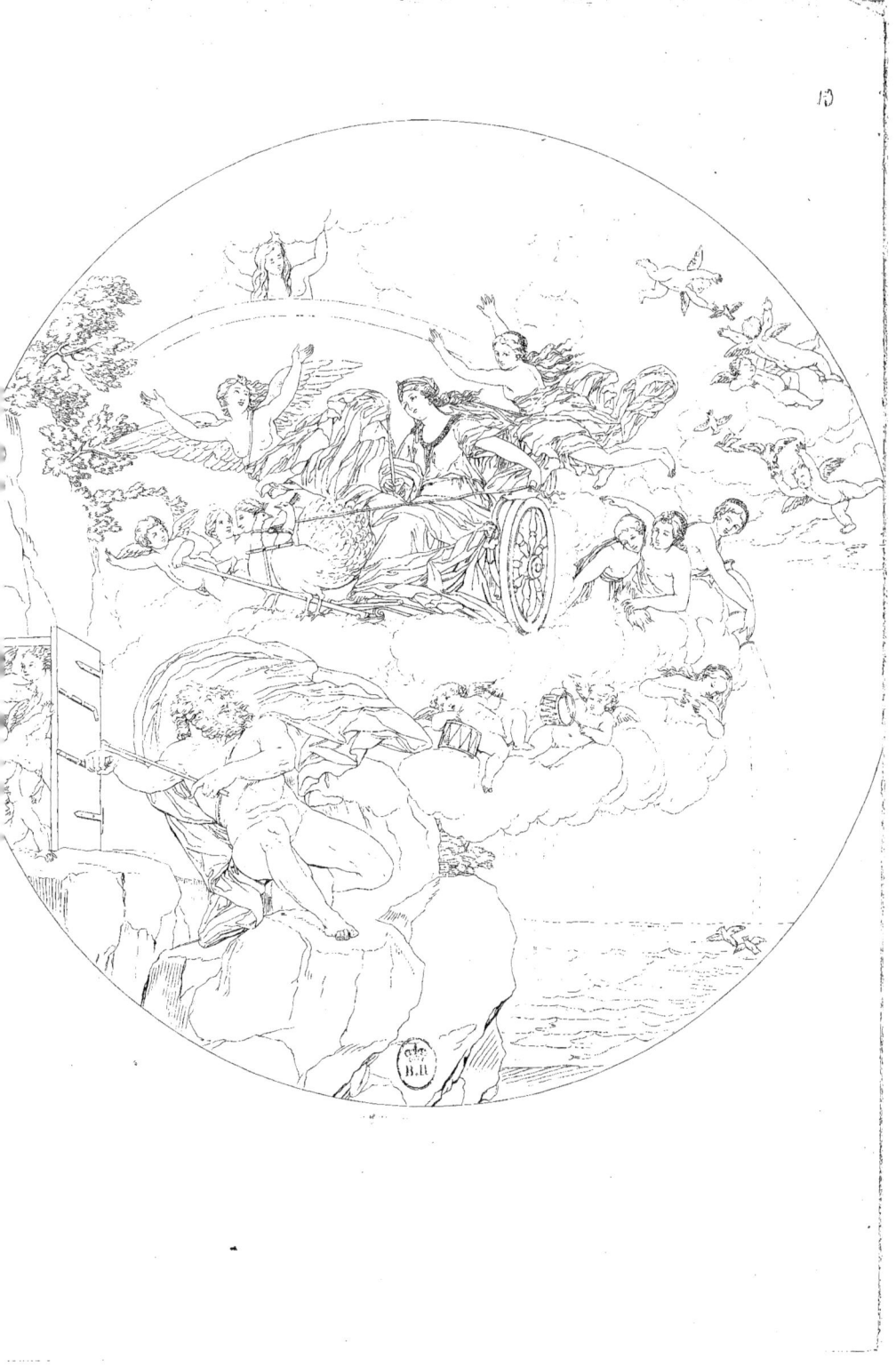

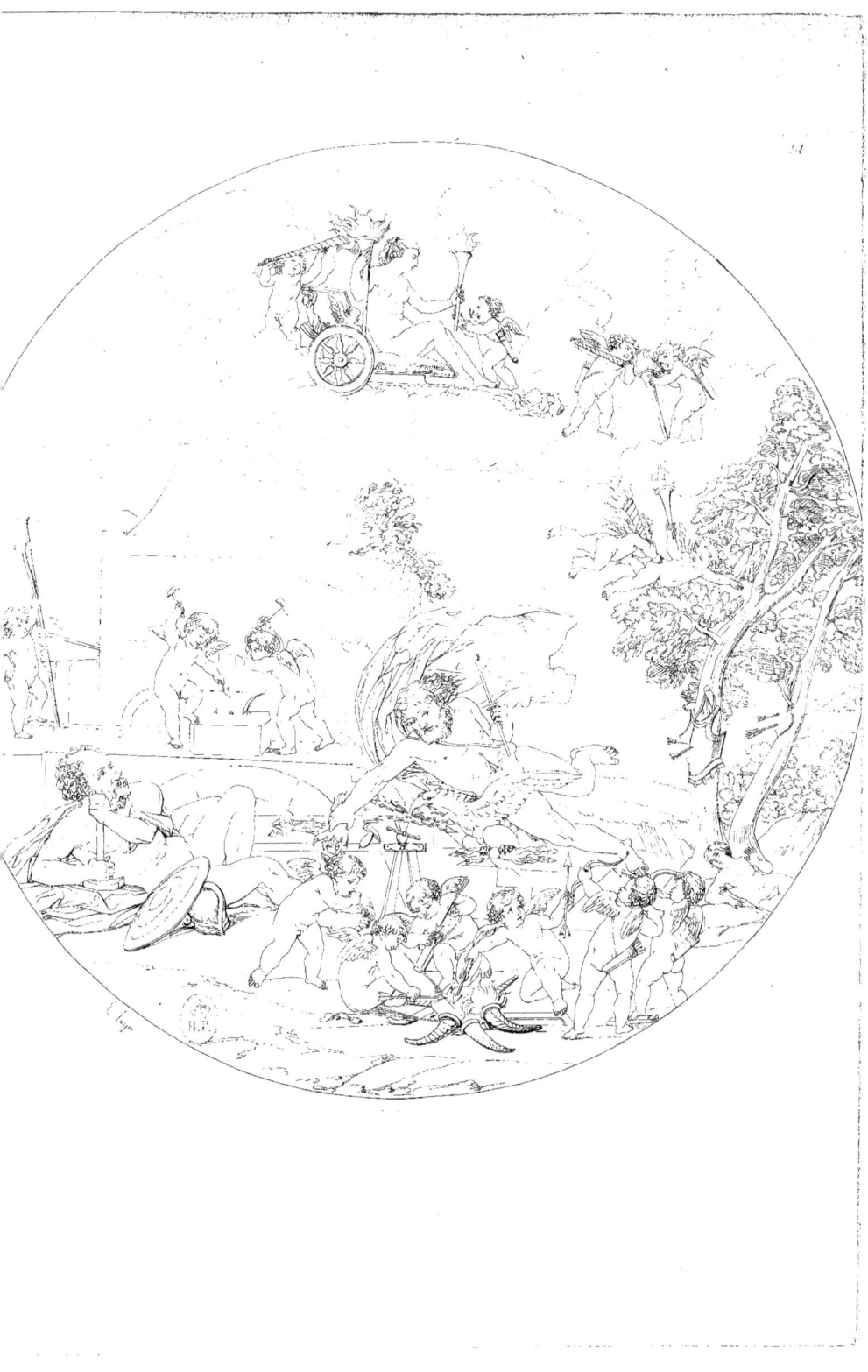

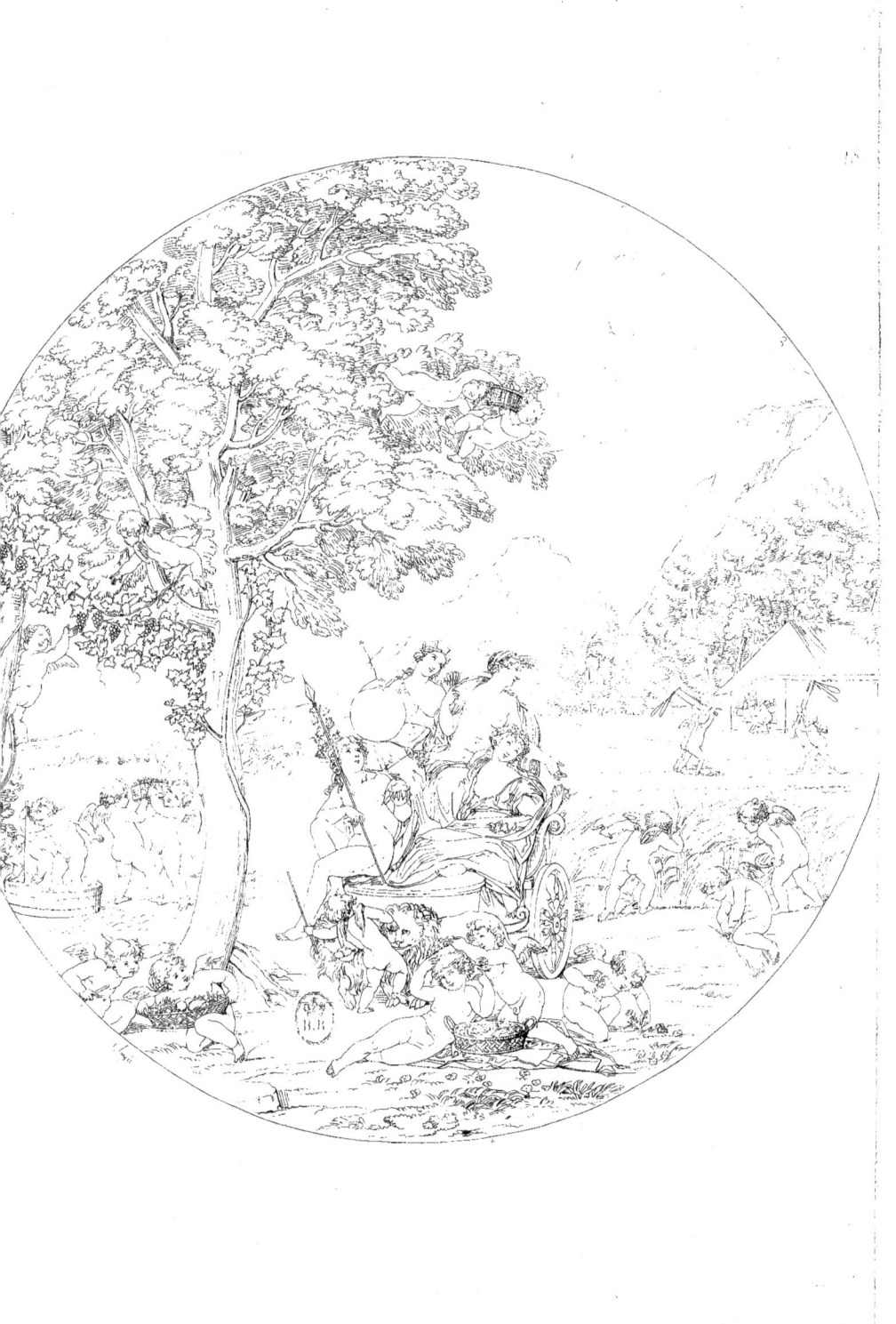

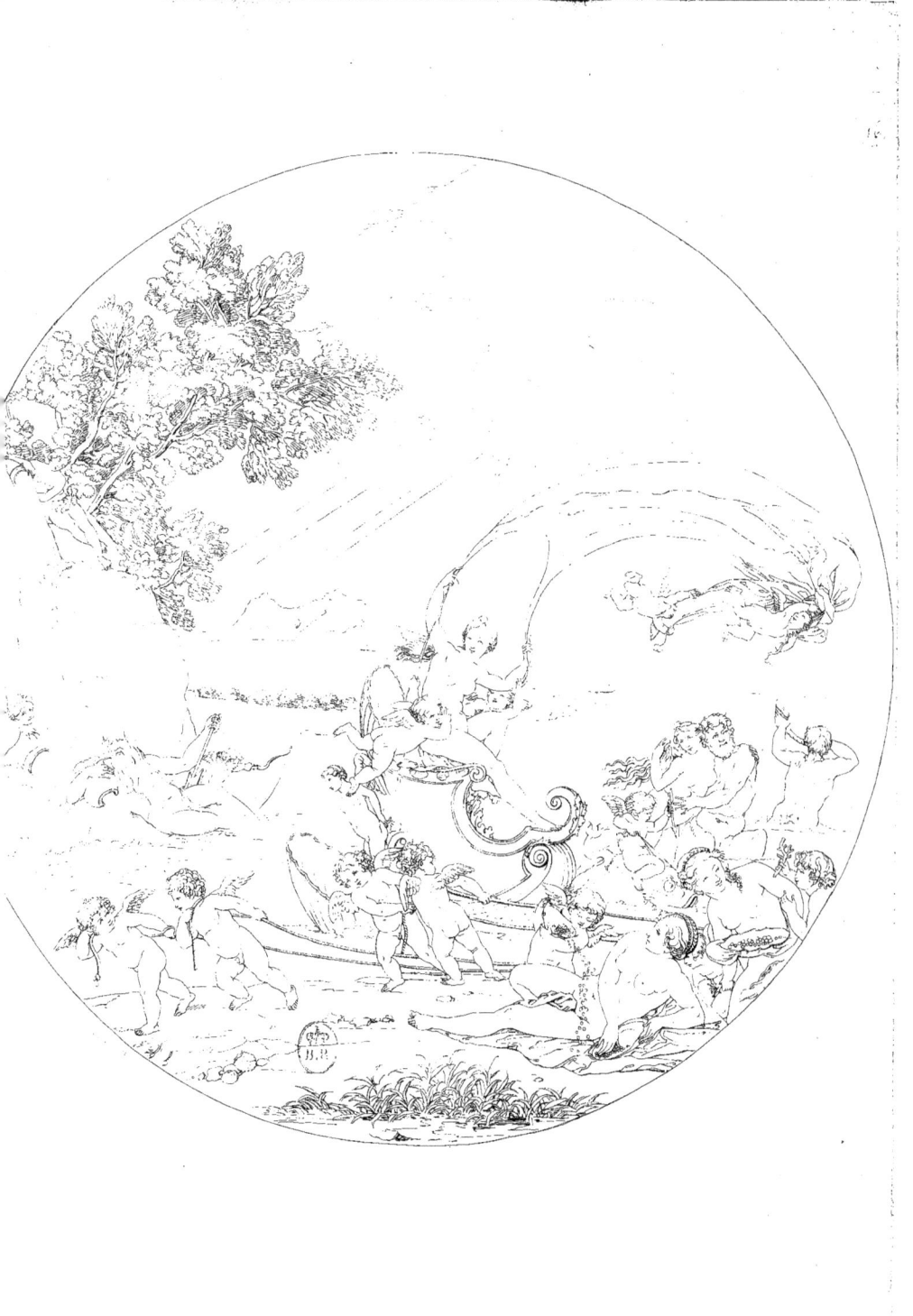

TABLE

DES PLANCHES DE L'ŒUVRE

DE L'ALBANE.

PLANCHE Ire. PORTRAIT DE L'ALBANE, peint par *André Sacchi.* Graveurs, *Antonio Pazzi; Hieronymus Frezza,* 1704; *Etienne Picart.*

PL. II. LA NAISSANCE DE LA VIERGE. Le Musée Napoléon possède un double de ce Tableu, avec des changemens considérables. Grav. *Pietro Sante Bartoli.*

PL. III. LE BAPTÊME DE J. C. L'Albane a peint plusieurs fois le même sujet. On ignore l'origine de celui-ci. Grav. *Guill. Vallet.*

PL. IV. LA CÊNE. Au palais du duc Salviati. Grav. *Fr. Aquila.*

PL. V. LA FUITE EN EGYPTE. Ce tableau a appartenu à M. Belluchau, secrétaire du Roi. Grav. *Château.*

PL. VI. ECCE HOMMO. Ce tableau, dont les figures sont de grandeur naturelle, est un des plus beaux de l'Albane. Musée Napoléon. Grav. *Etienne Picart*, 1668. *G. Rousselet.*

PL. VII. PLAFOND de la galerie du palais Verospi, à Rome. Grav. *Hieronymus Frezza*, 1704.

PL. VIII. S. JEAN PRÊCHANT DANS LE DÉSERT. Grav. *Steph. Gantrel.*

PL. IX. POLYPHÈME JOUANT DE LA FLUTE. Ce tableau et les trois suivans font partie de la Galerie Verospi, composés par l'Albane, exécutés à fresque, sous la direction de ce Maître, par *Sisto Badalocchi*, Peintre de la même Ecole.

PL. X. ACIS ET GALATHÉE POUSUIVIS PAR POLYPHÈME. Gr. *Id.*

PL. XI. MERCURE REMET A PÂRIS LA POMME D'OR. Grav. *Id.*

TABLE DES PLANCHES DE L'ŒUVRE DE L'ALBANE.

Pl. XII. Le Jugement de Pâris. Grav. *Id.*

Pl. XIII. L'Air. Ce tableau et les trois qui suivent représentent les quatre Élémens. Ils furent peints pour le duc de Mantoue; ils ont passé depuis dans la Collection du Roi, et font maintenant partie du Musée Napoléon. Grav. *Simonneau; Etienne Baudet.*

Pl. XIV. Le Feu. Grav. *Id.*

Pl. XV. La Terre. Grav. *Id.*

Pl. XVI. L'Eau. Grav. *Id.*

Fin de la Table des Planches.

www.ingramcontent.com/pod-product-compliance
Lightning Source LLC
Chambersburg PA
CBHW070247230526
45470CB00002B/511